张伯驹

ZHANG BOJU

中国文博名家画传

张伯驹

楼宇栋　郑重　著　文物出版社

目录

一　贵公子　名票友

　　"公子"之名，最早见于《诗经》，如"振振公子"、"佻佻公子"。"振振"和"佻佻"，都是意为极美好的形容词，概括之为任性负气，独往独来，是公子之可爱的一面。

　　什么是"公子"？《仪礼》有解："诸侯之子称公子。"扩而言之，则达官贵人之子，皆可称公子，古有之，今犹然。"公子"有真假之分，胸无寸墨，纨绔子弟是假公子；必振振然有所表现，文采风流，不辱家风，能使人敬爱赞羡者，始得为真公子。

　　战国末期，赵有"喜宾客"的平原君，魏有"不耻下交"的信陵君，楚有"游学博闻"的春申君，齐有"客无所择，皆善遇之"的孟尝君，并称"四公子"。他们网罗人才，争相倾以待士，可谓真公子。《唐书·周曾传》记："周曾者，李希烈部将，与王珍、姚憺、韦清志相善，号四公子。"明末四公子者桐城方密之以智，阳羡陈定生贞慧，归德侯朝宗方域，如皋冒襄辟疆。清末亦有四公子：谭嗣同、陈三立、吴保初、丁惠康。嗣同为湖北巡抚湖南浏阳谭继洵之子；三立为湖南巡抚江西义宁陈宝箴之子；保初为广东水师提督安徽庐江吴长庆之子，章士钊岳父；惠康为福建巡抚广东丰顺丁日昌之子。清末贵公子很多，而独称谭、陈、丁、吴者，以其有文采之故。

　　民国在北洋时期的四公子，皆为名父之子，溥侗、袁克文（寒云）、张伯驹、张学良。溥侗是末代皇帝溥仪的堂兄，有皇兄之称，号红豆馆主；袁寒云是袁世凯的次子，袁洪宪称帝，寒云有"二皇子"之称；张伯驹是河南都督张镇芳之子；张学良是大家所熟悉的奉系军阀张作霖之子。对此四公子，伯驹在《续洪宪纪事诗补注》中有介绍。诗曰：

　　　　公子齐名海上闻，辽东红豆两将军。

一　1929年，袁克文与《北洋画报》同仁合影。右起依次为潘经苏、王小隐、包丹庭、袁克文、蒋君稼。张伯驹1956年入住的北京后海南沿宅院，原先即为包丹庭居所

　　中州更有双词客，粉墨登场号二云。

　　人谓近代四公子，一为寒云，二为余，三为张学良，四、一说为卢永祥之子小嘉，一说为张謇之子孝若。又有谓：一为红豆馆主溥侗，二为寒云，三为余，四为张学良。此说盛传于上海，后传至北京。前十年余居海甸，人亦指余曰：此四公子之一也。余登台演剧，以冻云楼

二　溥侗能戏，文武昆乱不挡。1933年去了南京后，因配戏
　　者难觅，就经常唱《弹词》——因为这是一出独角戏，
　　乃是李龟年流落江南，话"天宝"旧事的故事。张伯驹
　　曾观看过他《弹词》的演出，在《红毹纪梦诗注》中记曰：
　　"飘泊天涯剩琵琶，故京犹念帝王家，更看烽火连三月，
　　风景江南正落花。"

　　主名。沽上词人王伯龙题余《丛碧词》云："洹上起寒云，
词坛两俊人。"
　　民国四公子各有千秋，张学良是有关中国命运的历史伟人之
一。袁寒云工古文诗词戏曲，晚年穷困潦倒，成了末路王孙，抑
郁而终（图一）。红豆馆主溥侗（1871～1952年），爱新觉罗氏，
是一位同情光绪的近支皇族（图二）。溥侗字西园，艺号厚斋、
红豆馆主。人称侗贝勒，因排行五，又被称为侗五爷。溥侗是曲

三　20世纪20年代的张伯驹

艺家，精通表演艺术，会吹笛。他是昆曲、皮黄，生、旦、净、丑，无一不工，尤精谭派艺术，造诣极深，唱《打渔杀家》最为擅长，言菊朋拜他为师。溥侗能书善画，与大书家沈尹默同书联屏，而且还是文物鉴赏家。他与康有为最为友善，康居上海辛家花园时，他是座上常客。康有为有《赠侗公诗》云："落花流水带平芜，天上人间春尽无。国土华严犹可致，家居撞坏抑何愚。每怀先帝惭衣诏，哀念王孙泣路隅。郁郁五陵佳气在，五娘画好且堪娱。"溥侗曾在清华大学及北京美术学校等处任教，常常在《商报》《半月戏剧》等刊物上撰文，也曾做过国民党南京政府监察委员，晚年一度在荣宝斋以卖字为生。最后一个就是要为大家解读的张伯

四　20世纪30年代，张伯驹在丛碧山房寓所花园留影。寓所原
　　为李莲英旧墅，原址在今北京西四附近。张伯驹曾有《多丽》
　　一词记之。词曰：余所居为李莲英旧墅，同人于此作词社第二集，即席赋。
　　禁城偏，园林旧属中官。仿宫家、飞廊架宇，翠华传驻云轩。
　　廊宇建造仿排云殿规模，落成传西后曾临幸，未知是否　走黄尘、门喧车
　　马，拥绛雪、花压阑干。园内海棠最胜　骄宠谁伦，恩荣无比，
　　当时炙手焰熏天。自弈局、长安换劫，人世几桑田。空留得、
　　堂前旧燕，解话开元。　　　　又今日、异时新主，吟俦重续词坛。
　　绿天深、风摇蕉扇，红日晚、雨打荷钱。梦影难留，芳尘易逝，
　　被愁长应近尊前。更休再、歌骚谱怨，且共惜余欢。人归后、
　　斜阳在树，酒醒鸣蝉。

五　20世纪30年代，张伯驹在丛碧山房寓所留影

驹了（图三～五）。

张伯驹（1898～1982 年），原名家骐，别署丛碧，春游主人，河南项城人，出生于旧官僚世家。其父张镇芳与袁世凯为姑表兄弟，因为他排行老五，袁氏诸子对张氏以"五舅"称之。

张镇芳系清末壬辰（1892 年）进士，由直隶天津道、长芦盐运使、直隶按察使官至署理直隶总督，民国初年曾任河南都督兼民政长。据载，他曾积极拥护袁世凯，被列为恢复帝制的"七凶"之一。镇芳任长芦盐运使时，载泽时任督办盐政大臣，见镇芳称之为"袁党"，镇芳对曰："不唯为袁党，且有戚谊。"镇芳纪事诗有"抗言直认层层党"一语。袁世凯五子克权，曾对张伯驹说，其父袁世凯军机大臣开缺时，五舅有多多照顾，极为可感，但对洪宪称帝不甚卖力。由于张镇芳反对帝制，和皇太子袁克定形同水火，袁世凯开缺，祸福莫测，即连夜逃去彰德。后袁克定亦去彰德，当时亲朋故旧无敢送行者，唯伶人姜妙香送他至老家洹上村，住了多日才回来。对此，伯驹甚为感慨："不料风义出于艺人。"

和伯驹生命历程直接有关的是盐业银行，在这里作一介绍。

1913 年，梁士诒任代理财政总长时，就曾建议设立盐务实业银行。但直到 1915 年，银行才正式开张。此时，张镇芳已弃政从商，由于入股雄厚，任盐业银行经理。1917 年 7 月，盐业银行主要股东张勋拥立溥仪，进行复辟，自封为议政大臣兼直隶总督、北洋大臣，仅十九天，复辟闹剧即告结束。在这次复辟事件中，张镇芳曾出资二十五万元支持张勋，并任复辟内阁议政大臣。复辟失败，张镇芳被捕，盐业银行一时群龙无首，银行上层人物经紧急协商，推举没有股份的吴鼎昌为总经理。

关于吴鼎昌，张伯驹在《续洪宪纪事诗补注》中有言："洪宪时，梁士诒向项城（袁世凯）推荐。项城召见后，谓梁曰：'此人两颐外张，有声无音，当非纯品，吾不用之。'"又云："吴亦自语人，彼一生用巧，失于忠厚，天理报应，固不应有佳子弟也。"

1921 年，张镇芳在奉系军阀张作霖的支持下，东山再起，又出任盐业银行董事长。伯驹是子继父业，后任盐业银行常务董事。

有了这样的经济后盾，生计无忧，才能使得他成为当代文化高原上的一座峻峰。

写过张伯驹的文章不少，每每爱称之"九岁能诗，人称神童"（图六）。这是他童年的事。人的童年的许多事情，有的只能留在记忆里，供老年时回味，有的则会在一生中起潜移默化的作用。我们要介绍的张伯驹是从他十八岁开始。那一年他入袁世凯兼团长的中央陆军混成模范团骑兵科，从此开始了他的军旅生活。洪宪前岁元旦，父亲叫他给袁世凯拜年。那时袁世凯住在居仁堂，立在案前，伯驹行跪拜礼，袁世凯把他扶起，问："你几岁了？"答："十八岁。"问："你到府里当差好吧？"答："正在模范团上学。"袁世凯说："好好上学，毕了业就到府里来。回去代我问你父亲过年好。"伯驹拜完年刚回到家，袁世凯所赐之礼物已先到，内有金丝猴皮褥两副，狐皮、紫羔皮衣各一袭，书籍四部，食物四包。可是那一跪使伯驹感到不是滋味。后来回忆这次给袁世凯拜年，颇有感慨地说："那时年少，向不服人，经此一事，英气全消，不觉受牢笼之苦。"

陆军混成模范团，内分步、骑、炮、工、辎重及机关枪六科，其目的为培育将才，训练亲信，实为培养"袁家军"服务。伯驹为骑兵科学员。第一期学员考取前十名的，皆加卫侍武官衔。叨此隆遇，无不感激图报。第一期模范团，陈光任团副，学员举行毕业典礼，团副照例训话。陈不学无术，又好斯文，训话中称"你们要好好地干，将来你们都不堪设想啊"。"不可限量"说成"不堪设想"，全团为之哗然。后模范团编成一师，由陈率领任江西督军。陈极贪，值其寿日，广收贺礼，商会以赤金铸八仙一堂为祝贺，陈连连称好，后又说："只可惜小一点。"伯驹不堪忍受，即离开陈。后又在曹锟、吴佩孚、张作霖部下任职，厕身官场，做到旅长。然而他不满军阀那套腐败生活，看不惯彼此间尔虞我诈的虚伪行径，不愿同旧军人混在一起，决心离开旧军队，辞去一切实质的及挂名的差事。解甲从商，他到盐业银行当了一名常务董事。但他对商人的斤斤计较，毛票换大洋的把戏更无兴趣，

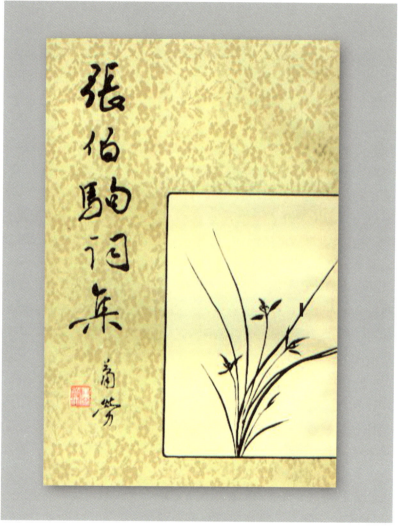

六　1985 年，中华书局出版了《张伯驹词集》。张伯驹自
1927 年三十岁学为词始，至 1954 年间集为《丛碧词》，后
二十年，再集《春游词》、《秦游词》、《雾中词》。1974 年一
年内得词二百数十阕，集为《无名词》，自谓："为知止而止，
此后不再为词"，"使余心如止水，如死灰，尽忘一生之事"，
以示决心不再为词。然"知止而止"不易，"尽忘一生之事"
也不易，出世更不易。眼见耳闻，焉能无情，1975 年复又为
词百余阕，以《续断词》名而系之

虽挂了常务董事之名，但银行的事从来不闻不问。这样，别人更是求之不得。别人不要他问，他也求之不得。

1916 年，袁世凯称帝，伯驹和袁氏诸子都已是翩翩少年，那一番政局的变化给他留下深刻的印象。故他在《续洪宪纪事诗补注》中，开宗明义地写道："人生短促，世事渺茫。痴者为权势名利相争夺杀伐，一部《资治通鉴》，不过成王败寇。皇帝也，总统也，执政也，大元帅也，沐猴冠带，等而视之可矣，固不止袁氏有假皇也。"伯驹从旁观者看，是即是，非即非，不拘时，不限事，并不因为与袁氏有着同邑与戚谊的关系，隐恶扬善。他说："余与寒云交独厚，写其事多讳辞，亦如魏武帝之雄武诡谲，陈思王之文采风流，固两事也。"伯驹以少年眼看少年事，也是别有一番趣味的，如记袁氏长子克定云："克定本无雄才大略，洪宪时以太子自居，见人对其行跪拜礼则喜。"又记云："（项城）诸子皆有皇子印。一日余至项城八子克轸室，见其案上皇八子印，余笑谓曰：'使项城为王，君印文为何？'相顾一笑。"袁世凯称帝失败，伯驹也以少年之目光观之，曰："项城子无李世民，弟无赵光义，亦失败之一因。"伯驹较早解甲从商，看来是以少年之心总结"洪宪帝制"失败的教训。

这里不妨将以"皇太子"自居的袁克定作一介绍。

袁克定字云台，号捷庵，为袁世凯的原配夫人所生。克定幼时羸弱，呕血几乎致命，但好学不倦，虽在病中仍然坚持不辍，懂英、德、法、日诸国文字。袁世凯督直隶时，克定为候选补道。赵尔巽实行新政，改制军旅，招克定入幕，参与军事。清廷派遣载泽、端方等五大臣使欧美诸国考察政治，克定亦从往。清廷改工部为农工商部，以载振为尚书，克定为右参议，后迁为右丞署左丞。辛亥革命军起，袁世凯东山再起，克定遂弃官，随侍军次。冯国璋等迫使清帝逊位，克定也出过不少力。在故乡洹上村骑马时，因马忽惊前蹶，克定坠马，伤首昏厥，手足语言失灵，历数载方愈。克定娶吴大澂女为妻。

袁世凯称帝失败，克定亦成野下之人。到了抗日战争时期，家境每况愈下，手头拮据。那时，他还想通过关系，请示蒋介石返还被没收的袁氏在洹上村的财产。蒋介石没有答应，克定只好以典当为生。华北沦陷后，曹汝霖劝克定把洹上村花园卖给日本人。克定坚决不同意，认为这是先人发祥地，为子孙者不可出售。当时占领华北的日军头目土肥原贤二，由于从前与袁世凯相识，还想笼络袁氏后人，尤其是长子克定。如果克定能在华北伪政权任职，恐怕对北洋旧部还能有些影响。克定曾与张伯驹商量此事。他掂量再三，说出任则从此有了财源，但也从此当了汉奸，得不偿失。克定租住颐和园，伯驹有诗云："池水昆明映碧虚，望洋空叹食无鱼。粗茶淡饭仪如旧，只少宫詹注起居。"诗后有注云："云台晚岁艰困，租居颐和园。一九三八年，余亦于颐和园租一房舍，时相往来。见其餐时，无鱼肉肴蔬，以窝窝头切片，佐以咸菜，但仍正坐，胸带餐巾。"张伯驹看他家财耗尽，便将其接到承泽园寓所（图七、八）。张伯驹说："他住在楼上，满屋子的书，以德文书最多。他这个人，儒雅正派，每日读书译述。我们家里诗词书画，弦歌聚会，他是不下楼的。"

1949年以后，章士钊以中央文史研究馆馆长身份，在文史馆给克定弄个名义，按月发下生活费。他每次拿到钱，都要交给潘素。潘素不收他的钱，张伯驹说："我们既然把他接到家里住下，在钱上就不能计较了。"对克定此时的生活，伯驹亦有诗："日课拉丁文字攻，凌晨起步态龙钟。皇储谁谓无风雅，秃笔还能画草虫。"诗后亦有注："云台居余展春园（即承泽园），每晨起散步。因昔于彰德坠马伤足，且年已过七十，步履颇龙钟。回室后，即读拉丁文。曾为室人潘素画花卉草虫数开，虽不工而笔亦古拙。又有题潘素画诗。今画已遗失，而诗尚存。"

1958年，张伯驹已被打入另册，还在家中为克定做了八十寿。如是者十余年，克定终老在伯驹家。

伯驹之女传綵对袁克定居住承泽园的情景有一段回忆，她说：

　　干瘦、矮小，穿一身长袍，戴一小瓜皮帽，拄着拐杖，走路一高一低瘸得很厉害，一个脾气有点怪的老头——

七 承泽园约始建于清雍正三年（1725 年），南临畅春园，东部隔
溪即为蔚秀园，系雍正间果亲王允礼的赐园。允礼自撰承泽园
诗序云："由曲径过山，阿则梵寺在焉，西僧所修佛典，余自
幼自涉心通。"序中"阿则梵寺"，即今挂甲村西南端偏西的喇
嘛庙遗址。承泽园系圆明园附属园林之一。道光间（1821
1850 年），京西王公邸园又被重新分赐，承泽园赏赐给了皇八
女寿恩公主。咸丰九年（1859 年）寿恩公主去世，承泽园归
内务府收管，直到光绪中叶，又赏赐给庆亲王奕劻作为邸园。
张伯驹居此园至 1953 年。1950 年，张伯驹于此园结庚寅词社。
1951 年,以关赓麟（颖人）为首的稊园诗社于此举办重三禊集,
骚坛精英云集达四十人,空前绝后

八　1950 年 11 月，张伯驹和女婿楼宇栋（本书作者
　　之一）在承泽园（即展春园）客厅前留影

　　这就是袁克定留在我脑海中的印象。后来有一部描写蔡
锷将军反对袁世凯称帝的电影叫《知音》，袁克定在里
面一副风流倜傥的形象，其实满不是那么回事。

　　我第一次见袁克定是在承泽园的家里，按照辈分，
我一直喊他大爷。

　　1941 年，父亲在上海被绑架，母亲怕我出事，让我
跟着孙连仲一家去了西安。母亲将父亲救出后，因日本

入侵，我们一家人在西安生活了一段时间。抗战胜利后，我们回到北平住在弓弦胡同一号，这个有着十五亩地的院子原来是清末大太监李莲英的。1946 年，父亲听说隋代大画家展子虔的《游春图》流于市面，为了不让这幅中国现存最早的画作落入外国人手里，毅然卖掉了他很喜欢的这座老宅，又变卖了母亲的一些首饰，才买回了《游春图》。我们一家于是搬到了城外的承泽园。

印象中我们搬到承泽园后，袁克定就和我们住在一起。我们一家三口，加上奶奶住在承泽园最后面的房子里，而袁克定的房子在承泽园前面的东偏院，我进出回家，都要经过那里。那时候袁克定已经七十多岁了，和他的老伴老两口一起生活，但他们各自住在各自的房间里，袁克定的侄女，老十七（注：指袁世凯的第十七个儿子袁克友）的女儿在照顾他们。

袁克定的老伴是他的原配夫人，很胖，像个老大妈，特别喜欢打麻将，和又瘦又矮的袁克定在一起很不协调。我后来才知道她是湖南巡抚吴大澂的女儿。袁克定属虎，她属龙，按旧时说法龙虎相克，但袁家结亲也有政治目的吧。袁克定后来又娶过两房姨太太，最后还是和这位原配一起生活。

前面的房子有个空阔的大门楼子，夏天时，常见袁克定在那里纳凉或吃饭。解放军入北平城时也曾住在这个门楼里。袁克定并不太爱说话，给我感觉脾气有些怪，没事就钻进他的书房里看书，我曾到过他的书房，记得他看的都是那种线装书，另一个爱好是看棋谱。

在承泽园第一次见到袁克定时，我想，原来这就是要做"小皇帝"的那个人啊！我们上学时，也整天说"窃国大盗"袁世凯，"野心勃勃"的袁克定，不过我见到袁克定时，他已是位七旬老人，那时候我眼中的他，只是一个很可怜的、没人关心、有些孤僻的老人，并不是电影或历史、文学书描绘的"现代曹丕"那种老谋深算的样子。

在承泽园生活的这些年里，袁克定从不抽烟，和客人见面也很客气、和善，总是微微欠身点头致意，对我们孩子也一样。他年轻时曾到德国留学，所以通晓德语和英语，看的书也以德文书居多，有时也翻译一些文章。或许是因为早年跟随袁世凯四处游走，他的口音有些杂，听不出是河南、天津还是北京话。

父亲通常不愿意跟我们讲张家和袁家的事情。后来有一次章伯钧向父亲问及袁克定的事情，父亲才说起来：抗战时期，袁克定的家境日渐败落，他原来还想找关系，求蒋介石返还被没收的袁氏在河南的家产，但被拒绝，袁克定只好以典当为生。华北沦陷后，有一次曹汝霖劝袁克定把河南彰德洹上村花园卖给日本人，但袁克定坚决不同意。

袁世凯去世后，每个孩子分了一大笔财产，袁克定作为长子主持分家，也因此一直有人怀疑除了均分的那份遗产外，他还独占了袁世凯存在法国银行的存款。但他的钱很快耗光。他六十岁生日时，我父亲前往祝寿，曾给他写了副对联："桑海几风云，英雄龙虎皆门下；蓬壶多岁月，家国山河半梦中。"

父亲当年不是很喜欢一意鼓吹袁世凯做皇帝的袁克定，但后来看见他家产耗尽，生活越来越潦倒，1948年就将他接到承泽园。

1953年父亲把承泽园卖给北京大学。我们家那时在海淀还有一处三十多亩地的院子，从承泽园搬出后，在那个院子住了半年左右，后来卖给了傅作义，最后住到了后海附近。父亲给袁克定一家在西城买了间房子，让他们搬了过去，也照样接济他们的生活。

我们在承泽园时，没怎么见过袁克定的家人来看过

九　张伯驹演出《别母乱箭》剧照。张伯驹饰周遇吉（左），钱
　　宝森饰马童（右）

他，袁克定去世后，平时不见往来的亲戚从河南赶来，
卖了那座房子。母亲后来说，花出去的钱就是泼出去的
水，不必计较了。袁克定有三个孩子，儿子袁家融，年
轻时到美国留学，学地质，回国后娶了湖北督军王占元
的女儿。解放后，袁家融曾在河北地质学院和贵阳工学
院教过书，1996年以九十二岁高龄去世。我读书时，曾
和袁克定的一个孙女袁缉贞同校，她后来去了香港，前
几年也去世了。

一〇　1952年,张伯驹在燕京大学贝公楼大礼堂演出《阳平关》,饰黄忠。1974年,张伯驹回忆20世纪30年代初国剧学会成立,演戏招待来宾,初演《阳平关》,由姜妙香饰赵云,钱金福在台下观,点头曰:"工夫不亏人。"能使钱老相许,实为难得,故写下七绝一首:"老夫越老越精神,让我黄忠战几春,难得点头夸一语,工夫原是不亏人。"

1927 年，也就是张伯驹三十岁前后，是他一生中的一个转折。按照他自己的说法：三十岁开始学书法，三十岁开始学诗词，三十岁开始收藏法书名画，三十一岁开始学京剧（图九～一一）。他从少年时代就喜欢京剧艺术，此时成了票友，彩唱过《二进宫》、《空城计》、《八大锤》三出戏。从此，他走上了探索艺术真谛的道路。刘海粟在忆及伯驹的一生时，讲了出自肺腑的真话：

> 丛碧词兄是当代文化高原上的一座峻峰。从他广袤
> 的心胸，涌出了四条河流，那便是书画鉴藏、诗词、戏
> 曲和书法。四种姐妹艺术互相沟通，又各具性格。堪称
> 京剧老名士，艺苑真学人。

刘海粟是"百无一个眼中人"的狂妄大家，对伯驹如此相看、相评，也足见伯驹的不凡了。

伯驹为人所称赞的是他对京剧艺术的研究。他的前半生正是处于京剧鼎盛时期。七岁时随父居天津南斜街，端阳时值下雨，乘人力车直驶下天仙茶园，观看杨小楼演《金钱豹》，亮相扔叉，威风凛凛，大喊一声："你且闪开了！"使他为之夺魂。

当时京剧演员人才辈出，伯驹求师访友，移樽就教，得到许多名伶真传。文武昆乱不挡，能戏甚多。

1974 年，伯驹写了一卷《红毹纪梦诗注》，自序中有云："甲寅，余年七十有七，患白内障目疾，不出门，闲坐无聊，因回忆自七岁以来，所观乱弹昆曲、其他地方戏，以及余所演之昆乱戏，并戏曲之佚闻故事，拉杂写七绝句一百七十七首，更补注，名《红毹纪梦诗注》。其内容不属历史，无关政治，只为自以遣时。但后人观之，则如入五里雾中；同时同好者视之，则似重览日记，如在目前。于茶余酒后，聊破岑寂，以代面谈可也。"

1978 年，该书由香港中华书局出版。1988 年，内地宝文堂书店又出一版（图一二）。

书中谈及谭鑫培一生不收弟子，后迫于总统府庶务司王某之托，不得不收余叔岩，但不教戏。叔岩所以能谭戏，皆为偷学，终成谭氏继人。谭氏刻意教其子小培，盼其成名，而小培却缺乏

一一 1963年,张伯驹与梁小鸾(左)在长春演出《游龙戏凤》。
张伯驹饰正德帝, 梁小鸾饰李凤姐。时张伯驹任吉林
省博物馆第一副馆长, 梁小鸾任吉林省京剧院副院长。
余叔岩曾亲为张说此戏

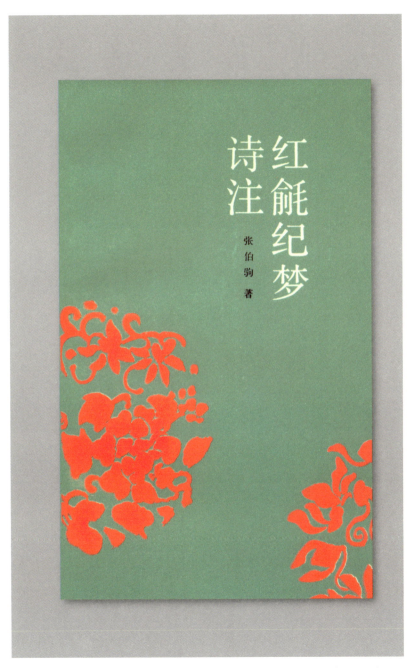

一二 张伯驹 1974 年写成《红毹纪梦诗注》。1978 年，此书
先由香港中华书局出版。吴祖光称之为"一部京剧诗史"

半巖依倩竹三時香好花頻傾惠泉酒

黜盡塵源茶主席多同好群峰伴不謹

朝来遲蕊簡便起故巢築密友從春拆

紅薇過夏榮園枝殊自得顧我若舍情漫

有蘭随色寧無石對聲却怜皎之月依

奮瀬舟行　孝宗先生法正　余林岩

一三 余叔岩手书

一四 张伯驹演出《四郎探母》剧照。余叔岩饰杨延昭（左），张伯驹饰杨延辉。张伯驹向余叔岩学戏，不单纯只是请益，时常互为研究。如《四郎探母》坐宫后一场换妆带剑，再一场至雁门关亦带，至宋营一场则剑交于小番，分明是告知台下，此场要翻吊毛，所以不能带剑，张伯驹认为这是一缺漏，应带剑起吊毛，并设计好了一个身段，起唱、走场、吊毛都在板中。叔岩以为甚好，虽然带剑起吊毛演出难度很大。1974 年，张伯驹忆及这段故事，写七绝诗一首："改姓易名困大辽，纵然插翅也难逃，宋营灯火刀枪满，带剑谁能起吊毛？"

天资，不能领会，一生演戏平平而已。有人嘲笑小培，代小培与其子富英语云："你的爸爸不如我的爸爸，我爸爸的儿子不如我的儿子。"真可谓谑而虐矣。

余叔岩多与文人交游，亦颇儒雅，其嗓音为云遮月，最富神韵。叔岩庚寅年生，与屈原及明代画家文徵明同日。张伯驹曾赠其"唯庚寅吾以降"印章一方（图一三～一六）。

梅兰芳曾出演美、苏、日，得博士学位。程砚秋演出于法国（图一七）。有人问叔岩何以不去外国演出，叔岩曰："吾国乃中华大国，而演出皆系男扮女装，未免有失国体。美、法、日、苏吾不再去，唯印度可商量耳。"人问为何愿去印度，叔岩曰："印度有大土，我可过瘾也。"

伯驹老人曾经风趣地说过："我学余派，就是帮他在烟榻上吞云吐雾，一字字、一句句抠出来的。"

此事，在他的《红毹纪梦诗注》中亦有记载："归来已是晓钟敲，似负香奁事早朝。文武昆乱皆不挡，未传犹有太平桥。"该诗有注，云："余三十一岁从余叔岩学戏，每日晚饭后去其家。叔岩饭后吸烟过瘾，宾客满座，十二时后始说戏，常至深夜三时始归家。次晨九时，钱宝森来打把子。如此者十年，叔岩戏文武昆乱传余者独多。"所学剧目有《奇冤报》《战樊城》《长亭》《定军山》《阳平关》《托兆碰碑》《空城计》《群英会》《战宛城》《黄金台》《武家坡》《汾河湾》《二进宫》《洪羊洞》《卖马当锏》《断臂说书》《捉放宿店》《战太平》《凤鸣关》《天水关》《南阳关》《御碑亭》《桑园寄子》《游龙戏凤》《审头刺汤》《审潘洪》《朱痕记》《鱼肠剑》《法场换子》《上天台》《天雷报》《连营寨》《珠帘寨》《摘缨会》《盗宗卷》《伐东吴》《四郎探母》《青石山》《失印救火》《打渔杀家》《打棍出箱》《蚰蜡庙》之褚彪、《回荆州》之鲁肃、《失街亭》之王平、《别母乱箭》《弹词》等，多达四十六出，深得真传。唯《太平桥》一剧未传，那是因为谭鑫培未传给余叔岩。

伯驹京剧之表演最负盛名的是《空城计》。那是1937年，他

一五　1980 年，张伯驹和丁至云（左）在天津演出《打渔杀家》。张伯驹饰萧恩，丁至云饰萧桂英。张伯驹向余叔岩学戏，文戏一般只说三四次，靠背戏不过说七八次，即可上场演出。伯驹学此剧，每日下午四时去叔岩家，自出场起步走，船桨渔网摇法撒法，上下船一招一式，仔细排练，每日不断排练达一月之久。在会贤堂演出，余叔岩观曰："成功矣！" 1974 年忆及该次演出，张伯驹吟七绝一首："人人皆演戏非殊，合作余梅庆顶珠，一式一招皆有谱，排来匝月费工夫。"

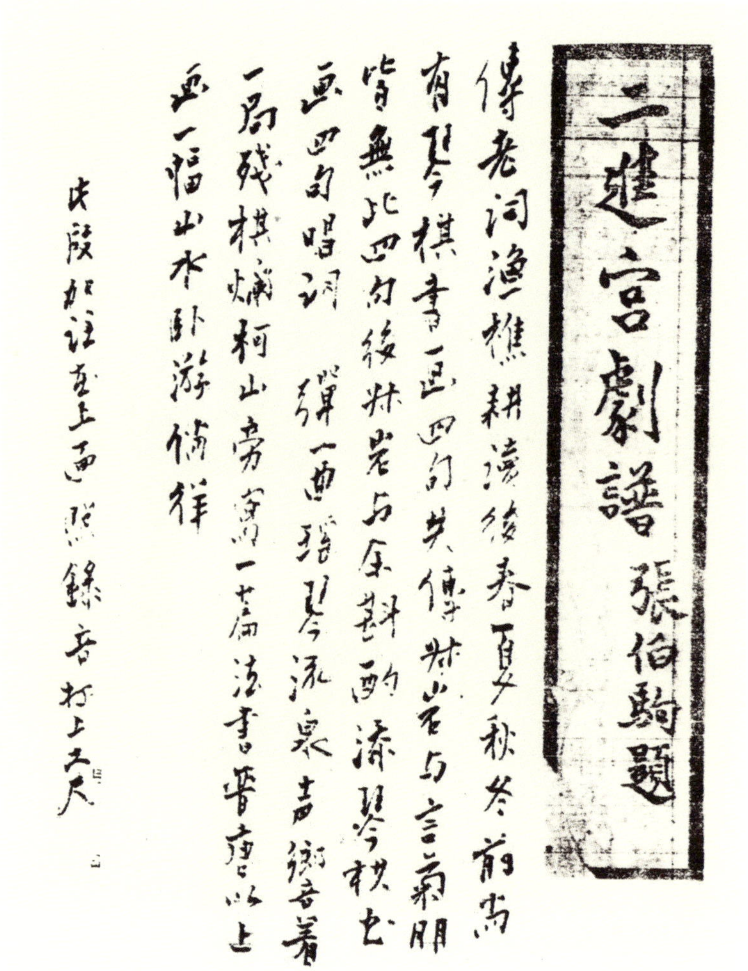

传老词渔樵耕读後春夏秋冬前為
有琴棋书画一画四句失传林岩与言葉朋
皆無此四句後林岩与余料画添琴秋也
画四句唱词　弹一画瑶琴流泉声响暮著
一局残棋烂柯山旁写一篇法书晋唐以上
画一幅山水卧游倘徉
中殷好注盂上画照绿音打上尺尺

二進宮劇譜　張伯駒題

一六　张伯驹三十岁时便彩唱了《二进宫》。《二进宫》为纯唱
工戏，传须生"吓得臣"一段唱词旧有渔樵耕读、四季花、
琴棋书画，但琴棋书画唱词久已失传。后余叔岩拟将琴
棋书画唱全，张伯驹代拟四句，曰："弹一曲瑶琴流泉
声响，着一局残棋烂柯山旁，写一篇法书晋唐以上，画
一幅山水卧游徜徉。"他希望在《二进宫剧谱》中也加
进此四句。20 世纪 50 年代中期，张伯驹曾整理《空城计》
全剧，写下了《空城计研究》一集，其中唱腔由女婿楼
宇栋谱以简谱（代替工尺谱），以留余派唱腔

一七　梅兰芳、程砚秋、尚小云合演《霓虹关》。梅兰芳饰王伯
　　党（右），程砚秋饰东方氏（中），尚小云饰丫环（左）

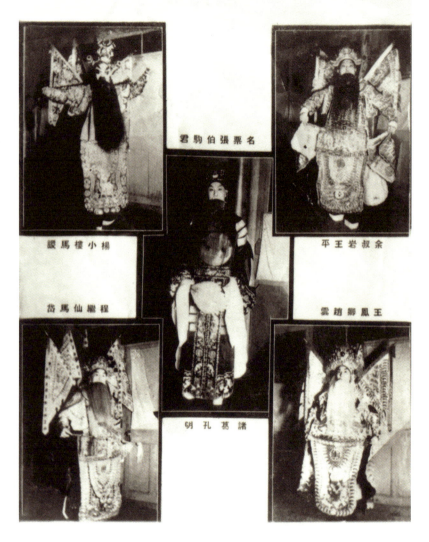

偉大的空城計

人那廋
間得那
回
蘽
臺
回

此曲應天祇有
上應曲

名票張伯駒君

楊小樓馬謖

余叔岩王平

程繼仙馬岱

王鳳卿趙雲

諸葛孔明

一八　1937年春，张伯驹四十岁生日，因河南发生旱灾，余叔岩倡议以演戏募捐赈灾。是日，出演于北平（今北京）隆福寺街福全馆，大轴为《空城计》，张伯驹饰诸葛亮，余叔岩饰王平，杨小楼饰马谡，王凤卿饰赵云，程继先饰马岱，陈香雪饰司马懿，钱宝森饰张郃，极一时之盛四十岁生日，为河南赈灾举行义演，广邀名角登台献艺。寿星伯驹主演孔明，杨小楼配演马谡，王凤卿演赵云，程继先演马岱，余叔岩则演王平。其他配角，名票陈香雪演司马懿，钱宝森演张郃，慈瑞泉、王福山演二老军带报子。演出地点是隆福寺街福全馆。这么多的大角儿给伯驹这位票友甘当配角，可谓是空前绝后。伯驹演过这出大场面的《空城计》，顿时驰名全国，成为剧坛绝响（图一八）。

余叔岩为京剧界一代泰斗，其艺术成一时之法，成就不用说，有自身的种种条件，但与张伯驹的多年交往，恐亦不无影响。老一代的京剧艺人文化程度不高，其演出剧目的文采多需要文人帮助提炼加工。伯驹素精诗词音律，余氏的唱段新词多出自伯驹之手。《沙桥饯别》"提龙笔"一段二簧慢三眼，余氏承其师谭鑫培积习，常以此吊嗓，甚为得意。后经伯驹将此改制，增词"四童儿，鞍前马后，涉水登山"，更谱新腔，遂成一字难易的经典。

上海的余派传人，多受伯驹指点。著名余派女老生孟小冬名噪菊坛，是余入室弟子中之佼佼者（图一九）。其时余叔岩已病，教其文戏有《搜孤救孤》、《御碑亭》、《捉放宿店》、《武家坡》、《奇冤报》。伯驹感到她的唱"只差神韵，稍过火耳"。后经伯驹指点，大有改进。《红毹纪梦诗注》中有一首咏孟小冬的诗："梨园应是女中贤，余派声腔亦可传。地狱天堂都一梦，烟霞窟里送芳年。"余氏弟子李少春，只学了一出《战太平》，后又拜伯驹为师，学了一出《战樊城》。杨宝森的《战樊城》也是得伯驹的传授。

余派老生张文涓并没有赶卜拜余叔岩为师，她的余派戏是借助余叔岩灌音的十八张半唱片，唱得滚瓜烂熟（图二〇）。在北京、上海演出，伯驹到场观看，大为欣赏，认为她是当今余派最佳传人，不但写信指点，并表示愿把自己所学余派戏传给她。

文涓得信后大受鼓舞，立即从上海赶到北京拜伯驹为师。从此以后，她风尘仆仆地往返于京沪间，前后学了二十余出余派戏并灌了唱片。经过名师指点，文涓成为继孟小冬之后独领风骚的余派女老生。

一九　孟小冬与国画大师张大千合影

　　于京剧艺术，伯驹可谓全部心思的投入，并将之融入生活之中。他曾有一段文字记述这种生活："某岁冬，与寒云、红豆共演于开明戏院，寒云与王凤卿演《审头刺汤》，余及红豆演《战宛城》饰张绣，红豆饰曹操，九阵风饰婶娘，钱宝森、许德义饰典韦、许褚，夜已二时，戏尚未终，未至《刺婶》，遂散场。寒云兴犹未尽，同至妓馆夜饮，天大雪，时求寒云书者多，妓为研墨伸纸，寒云左持笺而右挥毫，即席赋《踏莎行》词。词云：'随

二〇　张伯驹与张文涓合影

分衾裯，无端醉醒，银床曾是留人睡。枕函一晌滞余温，烟丝梦缕都成忆。　依旧房栊，乍寒情味，更谁肯替花憔悴。珠帘不卷画屏空，眼前疑天花坠。'余和作云：'银烛垂消，金钗欲醉，荒鸡数劲还无睡。梦回珠幔漏初沉，寒夜定有人相忆。酒后情肠，眼前风味，将离别更嫌憔悴。玉街归去暗无人，飘摇密雪如花坠。'时已交寅，余遂归去。"

《红氍纪梦诗注》虽说是记述自己所经所见所闻，但实际是一部近代京剧史，书中趣闻甚多。吴祖光去香港时，曾带回几本，张伯驹还认真订正了其中误植之处。

张伯驹的朋友中，除了张学良、袁克文、余叔岩外，还有樊樊山、宋哲元、蒋鼎文。张镇芳与张作霖在政坛上互相支持，可

二一　1927 年，袁克文三十七岁时与方地山（右）合影，方
　　　地山时年五十五岁

谓深交，由父及子，张学良、张伯驹也成了莫逆之交。张学良和
他不同，他们除了在一起玩票唱戏外，张学良的政治抱负很大，
但伯驹和他不谈政治。宋哲元、蒋鼎文也都是政界人物，伯驹亦
不和他们谈政治。

　　樊樊山、方地山和袁克文都以诗词饮誉海内外，又都是没落
公子（图二一、二二）。樊樊山是光绪年间进士，曾出任陕西、
江宁布政使，署理两江总督，曾师于张之洞、李慈铭。辛亥革命
后看破红尘，再也不愿过问政事，以诗词、骈文自娱，撰有《彩
云曲》，以吟咏赛金花事迹而负盛名。方地山更是以联名于世，
诗词出口皆为上品。他曾于城外赁屋三间，又取一个没有缠足的

二二　袁克文与程继先（右）合影。程继先是程长庚之孙

女子为妾，自署其门曰："大方家"，室内撰一联语："捐四品官，无地皮可刮；赁三间屋，以天足自娱。"妙然成趣。袁克文也是才气横溢的才子。他在天津有一个相好，大家都叫她"大姑"。大姑和这帮人相处久了，也沾染了不少雅气，常向他们讨字。伯驹很随便，有时拿一张香烟纸翻过来就凑成一幅对子，大方则更随便，在报纸上也能写，克文则很讲究，必须把纸侍候好才能写。有一次纸笔准备好了，大方进来，克文说有"大方"在，自己的字拿不出手，大方提笔就写："大抵浮生若梦，姑从此处销魂。"巧妙地把"大姑"恭维进去，雅而不俗。

克文和大姑一起伴的时间长了，大家都感到不妥，他毕竟还有个家，劝他回家，但克文又说不出口。有一天，大姑向他讨字，他挥毫即成一联："都道我不如归去，试问卿予意云何？"对仗工整而意境全出，既反映了惆怅的心境，又把难题推给了大姑，令人感到余味无穷。

晚年克文在上海以卖字为生，名气大，有些军阀仰羡他的才气，也会遣人送钱来。他是有钱就花，没钱就借，再不行就靠卖卖当当，有时当了东西还要去接济别人。然而生活再窘迫，诗酒茶饭、风花雪月是不会耽误的。他整天生活在自己所追求的至高无上的精神幻境中。

在一起诗酒流连，当然是银行的阔公子张伯驹开销为多。

克文去世前夕，伯驹曾往天津为之拜年，回京未及数日，克文即去世。伯驹以挽联悼之："天涯漂泊，故园荒凉，有酒且高歌，谁怜旧日王孙，新亭涕泪；芳草凄迷，斜阳黯淡，逢春复伤逝，忍对无边风月，如此江山。"克文葬西沽，方地山为其书碑碣。

克文去世七年后，伯驹将其生前词作结集为《洹上词》，由克文之儿媳、方地山之女抄写付刊。

伯驹有《寒云词序》云："寒云词跌宕风流，自发天籁，如太原公子不修边幅而自豪，洛川神女不假铅华而自丽。"言犹未尽，复于寒云词后作《金缕曲》词以抒对故人之感怀。词云："一刹成尘土。忍回头、红魟白雪，同场歌舞。明月不堪思故国，满眼风花无主。听哀笛、声声凄楚。铜雀春深销霸气，算空余、入洛陈王赋。忆属酒，对眉妩。　　江山依旧无今古。看当日、君家厮养，尽成龙虎。歌哭王孙寻常事，芳草天涯歧路。漫托意、过船商贾。何逊白头飘零久，问韩陵、片石谁堪语。争禁得，泪如雨。"

二　福祸并行上海滩

　　张伯驹自娶了潘素（1915～1992年），生活情况大为改变。

　　潘素，原称潘妃，1915年生于苏州。其弹得一手好琵琶，时为海上青楼艺人，在上海西藏路、汕头路口"张帜迎客"。潘素生得楚楚动人，谈吐大方，受"苏州片子"的影响，也能挥毫作画，遂名噪一时。她与伯驹堪称天生一对（图二三～二六）。

　　伯驹早年已有三位太太，均为父母主聘而娶，感情始终不谐。第二位太太本是北京天桥唱大鼓书的，起初尚得伯驹宠爱，不久两人因志趣不同，她爱抽大烟，日久也乏味了，五十岁时死于心脏病。

　　当时上海青楼似乎也有"分工"，像含香老五、吴嫣等人接客多为官宦之人，而潘妃的客人多为上海白相人，二等流氓。红火的时候，天天有人到她那里"摆谱儿"，吃"花酒"。有时，客人们还会打牌，或喝酒，她照样出堂差，且应接不暇。那时黑道人物喜欢文身，而潘妃的手臂上也刺有一朵花。

　　张伯驹在盐业银行挂名任职，每年要到上海查账两次。说是查账，实则是来玩的，查账之事则由他的助手杨西铭办。因为常在青楼走动，结果就撞上了潘素。两人情味相投，一见倾心，很快就坠入爱河。

　　张伯驹初见潘妃，对这位苏州姑娘惊为天女下凡，才情大发，提笔就是一幅嵌字联："潘步掌中轻，十里香尘生罗袜；妃弹塞上曲，千秋胡语入琵琶。"不仅把"潘妃"两字嵌入其中，而且把潘素比作赵飞燕和王昭君，将善弹琵琶的特点也概括其中，闻者无不击掌叫好。

　　可是，潘妃已经名花有主，那主儿便是国民党的中将臧卓，而且两人已经到了谈论婚嫁的程度。半路杀出了张伯驹，臧卓岂

二三 20世纪30年代的张伯驹

肯罢休。于是臧卓将潘妃"软禁"在一品香酒店，不许露面。潘妃虽有意于张伯驹，但无可奈何，每天只能以泪洗面。

张伯驹只不过是一介名士，活动的地盘又是在北平（今北京），在上海人生地不熟，对手又是握枪杆子的人，硬干必然会惹出大乱子。于是他找到换过帖的把兄弟孙曜东（图二七）。孙氏是安徽孙家鼐的后人，其大伯父与伯驹的父亲张镇芳也是换帖把兄弟。孙曜东问："兄弟，你真的喜欢她？"张伯驹说："难割难舍。"孙曜东又问："你打算怎么办？"张伯驹说："把她接出来带走。"

孙曜东也是年轻气盛，为朋友敢于两肋插刀，于是说干就干，

二四　20 世纪 30 年代，张伯驹在丛碧山房寓所花园留影
二五　20 世纪 30 年代，张伯驹在丛碧山房寓所花园留影

二六　1937年，潘素摄于上海

趁天黑开出一辆车，带着张伯驹，先在静安别墅租了一套房子。
这里的住户都是上海滩大老爷们的"小公馆"，来往人很杂，不
易暴露。然后驱车来到一品香酒店，买通了臧卓的卫兵，知臧不
在房内，急急冲进去，潘妃已经哭得泪人儿似的。孙曜东将他们

二七　孙曜东（左）和京剧名丑艾世菊

送到静安别墅，躲了几天，伯驹就带着潘妃回天津去了。

张伯驹自比明末四公子之一的冒辟疆，他要把潘妃培养成董小宛式的人物。所以潘妃嫁给张伯驹后，改名潘素，伯驹给她一个爱称——慧素。在张伯驹的影响下，潘素的琴棋书画得到全面发展，成为名重一时的金碧青绿山水画家（图二八、二九）。

抗日战争爆发后，北方各地相继沦陷，北京、天津各大银行纷纷南迁，到上海租界里再谋发展。盐业银行的经理吴鼎昌去了内地，让李祖莱主持上海盐业银行的业务。吴鼎昌对李祖莱不信任，因为他和汪伪"七十六号"特工总部有勾结，跟李士群、吴四保等人打得火热。这样，吴鼎昌不得不找张伯驹，请他以总稽核的身份兼任盐业银行上海分行的经理。张伯驹的"名士派"朋友都在北京，对上海人生地不熟，开始他不愿意去。几经吴鼎昌相劝，他才勉强到了上海。

这时已是汪伪时期，在上海做事要与汪精卫妥协，否则非常危险。张伯驹到了上海就去找孙曜东。这时，孙曜东已经"落水"帮周佛海办银行，担任复兴银行行长，还兼周的秘书。孙曜东对张伯驹说："你一介名士，于国于家都无愧，何必来上海干这个

二八　潘素绘《华清宫图》。1943 年，张伯驹居秦，偕潘素
　　　游骊山华清池，即兴步元人《风流子》词一阕，并请
　　　溥雪斋居士书款，以记雅兴

二九　潘素绘《山水图》。1943年题记有陈宗蕃、孟嘉、
　　　傅增湘、郭则沄、傅岳棻,1945年补题有张伯驹、
　　　谢稚柳

事呢？在这非常时期，在上海呆长了，弄出一些是非来如何是好呢？"又说："你为什么要亲自来？"张伯驹说："我不亲自来怎么办？我家那么多的东西都在银行里，交给那个赖家伙（指李祖莱）可怎么好？请老弟帮忙。"

张伯驹在上海没有私人住宅，来上海就住在江湾盐业新村，后来觉得不大方便，就住进陕西北路培福里一个姓牛的同乡家里。

那天早晨，张伯驹去银行上班，刚走到弄堂口，迎面冲上来一伙匪徒，抓住他塞进汽车后面，迅速离去。邻居见此情景，忙去告诉潘素，潘素一听傻了，不知如何是好，只好跑到孙曜东家，见到孙曜东就跪下，请他救救伯驹。孙曜东把她扶起，安慰几句，对此事心中无数。吃过中饭，孙曜东分析了一番，想想伯驹在上海没有什么仇人，只有盐业银行的李祖莱，伯驹一来，挡住了他升迁之路，或许是恼羞成怒，有意加害张伯驹。

第二天，潘素接到绑匪的电话，说是要两百根金条，否则就撕票。这下子潘素更急了。后经孙曜东打听，果然是李祖莱幕后策划，由"七十六号"特务组织干的。特务们将轿车的中间部位掏空，腾出能躺一个人的位置，然后把伯驹塞在里面，躲过了租界警察的检查。

孙曜东给李祖莱打电话，说："伯驹是我的把兄弟，这件事我是要管的，请行里配合一下。"意思是向李祖莱打招呼。孙曜东将这件事报告周佛海，周说："简直是胡闹，叫李士群赶紧把此事了掉。"孙曜东将周佛海的话传了过去。

过了几天，绑匪派人通知潘素，说伯驹连日绝食，已处于昏迷状态，但求一见。相见时，伯驹已经憔悴不堪，潘素痛哭不已。伯驹对潘素百般安慰，并悄悄对她说："宁死魔窟，决不能变卖所藏古画赎身。"

孙曜东又给李士群打电话，请他帮忙，并说："'光棍不挡财路'，这个我懂，不会让兄弟们吃大亏的。"李士群说要了解一下，把事情搞清楚再回复。几天之后，李士群果然打电话，说是事情搞清楚了,可以帮忙,而且一定帮忙。接下来就是谈具体条件的事,孙曜东与潘素相商,一口咬定只有二十根金条。因为孙曜东知道,绑架伯驹其目的不在钱,而是要煞煞张伯驹的威风,给李祖莱出出气。

李祖莱等看来不能不放张伯驹了,继续关下去,上司不允许,就这样放了,又太失面子,于是将张伯驹送到浦东,当人情送给伪军四师师长林之江。

张伯驹被送到浦东,关在一个农民家里。林之江派人和孙曜东接头,潘素和孙曜东的夫人吴嫣带上二十根金条送到接头地点。送去三天后,张伯驹回来了。原来他发现看管他的人突然都不见了,自己就跑了出来。这时伯驹脸上多了一个疤,那是生了一个疖子化脓所致。

为了感谢孙曜东,伯驹要以蔡襄《自书诗》册相赠。孙曜东怎么能接受呢?他们在孙家住了几天,就回北京了。

伯驹不愿以卖画赎回自己的生命,说他爱书画如生命,看来绝不是夸大之词了。

绑票之事后,伯驹即携带书画去了西安。1945 年,谢稚柳由重庆去西安办画展,约潘伯鹰同往。

伯驹与稚柳在西安相遇。伯驹看了稚柳的画展,稚柳看了伯驹的收藏。当时伯驹的客厅里挂了一幅袁寒云写的对子:"十有九输天下事,百无一个眼中人。"稚柳说:"好大的口气。"伯驹说:"寒云是(方)地山教出来的嘛。"稚柳为伯驹画梅花一幅,并题:"自写苍苔缀玉枝,粉痕和墨讶乡思。即春渐老春风单,何况江南久别时。"

稚柳画展刚结束,日本已告投降,他们就各自返乡了。

伯驹三次入陕,各次心境不同。第一次是少年从戎入秦,第二次即这次避寇难,第三次即成为右派服役从东北归来,随女儿在西安居住的日子。他将三次入陕的词作自编成集,名之为《秦游词》。

他在"自序"中写道:"余少年从戎入秦,宝马金鞭,雕冠剑佩，意气何其豪横！中年避寇，再居关中，兵火之余，仅存书画，托迹商贾，聊供菽薪。暮岁东出榆关，追步道君、秋笳，铩羽归来，疾病穷苦，乃更入秦，依女儿以了残年。老马知途，不谙终南捷径，朱门鼎食，复味首阳蕨薇。此一生如四时，饱经风雨阴晴之变，而心亦安之。"

不识终南捷径的人，才是真人。

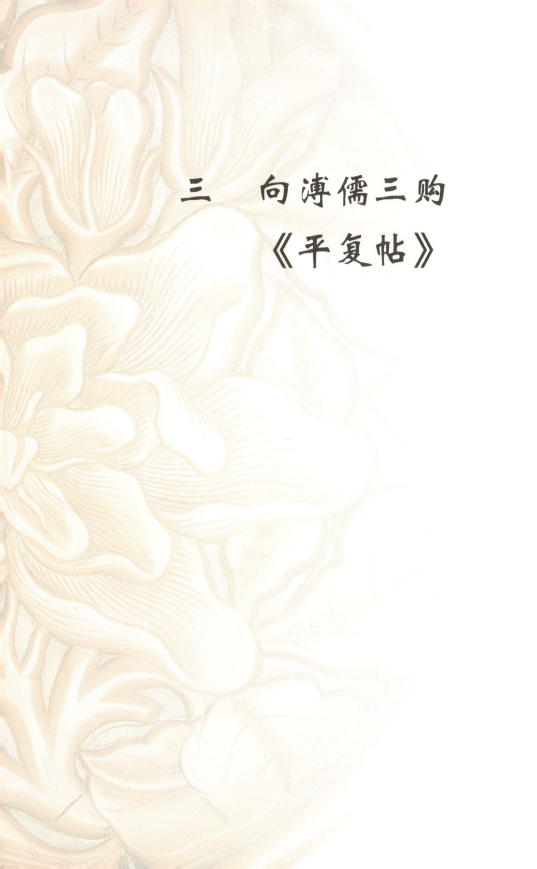

三　向溥儒三购
《平复帖》

某日，伯驹参观湖北赈灾书画展览会，有一件展品打动了他的心，那就是西晋陆机《平复帖》。他站在帖前，看着九行草书，古朴之貌，实为传世书法所未有，前有白绢签，墨笔书："□原内史吴郡陆机士衡书"。前面那个已剥落的字，他想应该是个"晋"字了，笔法风格与《万岁通天帖》中每家帖前小字标题相似。由此可知，此签是唐人所题，显然是唐时的原装了。再看，又有月白色绢签，泥金笔书"□陆机平复帖"，是宋徽宗的瘦金书，题签上的"晋"字也剥落了，下押双龙小玺，其他三个角上各有"政和"、"宣和"小玺。拖尾骑缝处有"政和"连珠玺，这一切都表明此品为宣和内府所藏。

这不是末代王孙溥儒（心畲）的收藏吗？

伯驹忽然回想起1936年，他在上海盐业银行时，听到溥心畲所藏唐韩幹《照夜白图》，为上海画商叶叔重所得。伯驹知道叶氏是做国际文物买卖的商人。当时宋哲元主政北平，伯驹立即致函宋哲元。经宋哲元一番察访，给伯驹的复函是："已为叶某携走，转售英国。"

其实，宋哲元并没有认真查《照夜白图》流出国门的来龙去脉。实际上，《照夜白图》这幅画是溥心畲通过老太监卫福海及其义子卫广利开的"宝云阁"画铺，再通过白坚甫的手，卖给日本人。日本人得到此画后，随手又转卖给英国古董商人，自此以后一直为伦敦私人收藏。直到20世纪80年代，才为美国大都会博物馆购进。

有了前车之鉴，伯驹认为不能再让《平复帖》落入古董商人之手，流落国外。于是，他请阅古斋老板韩某往商于溥心畲：请将此宝相让，伯驹愿收；如果不想转让，需用钱可抵押。

韩老板奔走一番，给伯驹的回答说："心畬现在不需要钱，要转让，价钱要二十万元。"

伯驹此时无钱，只不过是早备一案，不致使画商又一次捷足先登。

不久，叶恭绰举办"上海文献展览会"，张大千、张伯驹都出席参加，伯驹又请大千向心畬说合，愿以六万元求让。但心畬仍然要价二十万元，未成。

《平复帖》何以使伯驹耿耿于怀，两次求心畬转让？

唐宋以来，讲草、真、行书书法的，都追溯到晋人。而晋代名家真迹，至唐代所存已逐渐稀少，真迹已为唐太宗、武则天随葬。他们生前又用摹本赏赐大臣，所以流传下来的也多为摹迹了。宋代书画鉴赏大家米芾曾说："阅书白首，无魏遗墨，故断自西晋。"而他所见的晋人真迹，也只是李玮家收藏十四帖中的张华、王濬、王戎、陆机和臣詹奏章晋武帝批答等几帖。其中陆机一帖，即是这件《平复帖》。

以中国的书法墨迹而论，除了发掘出土的战国竹简、缯书和汉代的木简外，历代世上流传的，而且出于名家之手的，要以陆机《平复帖》为最早。明董其昌曾说过："右军（王羲之）以前，元常（钟繇）以后，唯存此数行为希代宝"（《平复帖》跋）。实际上，清乾隆年所刻《三希堂法帖》中居首位的钟繇《荐季直表》并不是真迹，明代鉴赏家詹景凤早就有"后人赝写"的论断。何况此卷自从在裴景福处被人盗去后，已遭毁坏，无从得见。在传世的法帖中，实在再也找不出比《平复帖》更早的了。

这一帖称得起是流传有绪，最早可以上溯到唐代末年。据宋米芾的《书史》和明张丑《真晋斋记》载，它原来与谢安的《慰问帖》同轴，上面有唐末鉴赏家殷浩的印记。2002年，上海博物馆举办"晋唐宋元书画国宝展"时，《平复帖》亦参加展出，殷浩的印记盖在帖本身字迹的后面，靠近边缘，朱文，颜色虽暗淡，但"殷"字的上半边、"浩"字的右半边尚隐约可见。据史书载，此卷中还有王溥等人的印，但现在未能找到。据王世襄考证推测，王印"可能是因为盖在《慰问帖》或其他帖上的缘故"。

米芾在他的《宝章待访录》中，将《晋贤十四帖》列入目睹部分，而在他著书的时候（1086年），帖藏驸马都尉李玮家。据《书史》记载，此帖李玮购自王贻永家。王贻永的祖父就是王溥。王溥祖孙及李玮在历史上都是相当有名的人物。王溥字齐物，是五代末宋初的一位大收藏家，也是《唐会要》和《五代会要》的作者。王贻永字季长，是王贻正之子，因娶宋太宗女郑国长公主而改名贻永，使他与父叔辈同排行。李玮字公炤，娶仁宗衮国公主，在辈分上要比王贻永小两辈。他是一位画家，善水墨竹石，又能章草飞白，因此对古人的书法特别爱好。

《平复帖》进宋徽宗御府，可能是李玮逝世之后（1120年之前）。但何时从宋御府中流出，无从考证。明万历年间，《平复帖》到了大收藏家长洲韩世能手中。该帖在韩世能手中经过了许多名家的鉴定。以文才敏捷著名的李维桢，在《答范生诗》中有"昨朝同尔过韩郎，陆机墨迹锦装潢。草草八行半漶灭，尚道千金非所屑"，表明了韩世能对此帖的珍视。詹景凤在《玄览编》、陈继儒在《泥古录》中都曾提到它，董其昌在万历十三年（1585年）、万历三十二年（1604年）写了两段跋。

韩世能死后，《平复帖》传给他的儿子韩逢禧（号朝延）。韩逢禧与张丑是非常熟的朋友。崇祯元年（1628年），张丑从韩逢禧手中购得《平复帖》，并为自己取了一个室名"真晋斋"。崇祯癸未（1643年），张丑在此年去世。又过了十七年，吴其贞于顺治庚子（1660年）在葛君常那里看到《平复帖》。这时，元代张斯立等四人观款已被割去卖给了归希之，配在赝本《勘马图》后面。《平复帖》所以遭到这样的不幸，从吴其贞的语气中可以看出，当时一定有不少人认为《平复帖》是伪迹。他在《书画记》曾说："此帖人皆为弃物，予独爱赏，闻者哂焉。后归王际之，售于冯涿州，得钱三百缗，方为余吐气也。"三百缗买了《平复帖》，真是太便宜了。

冯涿州即是刻《快雪堂帖》的冯铨。大约《平复帖》到了冯铨手里不久,便归了真定梁清标。安岐在梁清标家看到《平复帖》。现在从卷上"安仪周家珍藏"、"安氏仪周书画之章",可以证明此卷曾为安岐所有。

梁清标(1620～1691年)字玉立,一字苍岩,号棠村,又号蕉林,明崇祯进士,顺治初降清,官至保和殿大学士。安岐(1683～1746年)字仪周,号麓村,先世原是朝鲜人,入旗籍。这两个人都是清代前叶鼎鼎大名的收藏家兼鉴赏家。

《平复帖》从安岐家散出,入清内府。《石渠宝笈初编》著录的黄公望《富春山居图》,后面有乾隆的题跋,中称:"丙寅冬,安氏家中落,将出所藏古人旧迹,求售于人,持《富春山居卷》并羲之《袁生帖》、苏轼二赋、韩幹画马、米友仁《潇湘》等图共若干种以示傅恒……"可能在1746年时,安岐已去世,而《平复帖》就在这一批书画中经傅恒之手转入了清内府。

据永瑆《诒晋斋记》载,《平复帖》原来陈设寿康宫。乾隆四十二年丁酉(1777年)孝圣宪皇后钮祜禄氏(乾隆的生母,永瑆的祖母)去世,《平复帖》作为"遗赐",被赏给永瑆作为纪念品。从这时起,《平复帖》到了成亲王府,永瑆给自己取了一个室名"诒晋斋",并曾作七律、七绝各一首。

《平复帖》在永瑆之后,载治曾盖了"载治之印"及"秘晋斋印"两方收藏印章。载治是奕纪的儿子,过继给了奕玮;奕纪是绵懿的第三子;绵懿是永瑆的第二子,而过继给永璋(永瑆的三哥)。从上列世裔,可知《平复帖》从永瑆传给他的曾孙——载治的经过。

载治卒于光绪六年(1880年),那时他的两个儿子溥伦和溥侗才只有几岁。光绪帝派奕䜣(道光帝第六子)代管治王府的事务。奕䜣知道《平复帖》是一件重宝,托言溥伦等年幼,为慎重起见携至恭王府代为保管,从此将之据为己有。卷中"皇六子和硕恭亲王图章",就是他的印记。

宣统二年(1910年)奕䜣之孙溥伟在帖上自题一跋,称"谨以锡晋名斋",并将永瑆的《诒晋斋记》及七律、七绝各一首抄录在后面。

　　1911 年，清室被推翻，溥伟逃往青岛图谋复辟，《平复帖》留给了他在北京的两个弟弟——溥儒、溥僡。1937 年，溥儒等因为母治丧，亟须款项，将《平复帖》以四万元的代价售与张伯驹。

　　《平复帖》的来龙去脉大体如此，王世襄、启功（元白）两家均有考证。但其中有个疑问，乾隆酷爱书画，凡是名迹，无不经他一跋再跋，为何独有《平复帖》既未经其题写，也无内府诸玺，更没有刻入《三希堂法帖》。溥心畲到台湾后，府上有位常客李宗侗。关于此人，台湾作家王家诚在《溥心畲传》中，有这样一段记载：

　　　李宗侗，乃同光年间名臣李鸿藻的裔孙。李宗侗熟悉前朝掌故，恭王府和醇王府在晚清政争中的联合与对抗，说来如数家珍。谈到心畲早年珍藏的西晋陆机《平复帖》，更是源源本本，了如指掌。

　　　这部帖说起来话长，这是陆机所写的真迹，它的价值远超"三希"之上。《石渠宝笈》登载以"三希"为最早。而"三希"中的三王（王羲之的《快雪时晴帖》、王献之的《中秋帖》、王珣的《伯远帖》，是为三希）是东晋的人，陆机是西晋由吴入洛的人物……

　　　像这样比三希堂三王帖更珍贵的书道瑰宝，何以未入《石渠宝笈》登录之内？原来，此帖乃乾隆皇帝母亲孝圣皇太后所藏。太后崩后，依遗命传爱孙成亲王永瑆——故成亲王斋名"诒晋斋"，意在珍视太皇太后遗赠及此帖的无上价值。恭亲王奕訢，则得自成亲王后裔贝勒载治。

　　　光绪七年，恭亲王曾贻赠后谥为"文正"的李鸿藻。李氏以皇家故物不敢自藏，留赏数月后，拍下照片，倩人奉还恭亲王，以后才传到心畲手上。

　　　李宗侗娓娓道来，连深于考证的溥心畲，也听得津津有味。说到《平复帖》经傅沅叔介绍，由心畲转手张伯驹，藏于燕京大学，后有珂罗版印刷问世，心畲愧悔交集地说："早知如此，此帖由府上保管更好，当不至卖掉。"

　　这段记载应该是可信的,证以翁同龢日记,他于辛巳(1881年,即载治逝世第二年)十月十日,在李鸿藻处见《平复帖》,那时已归恭王府所有。

　　对中国这一年代最早的墨迹法帖,又是西晋诸帖真实可靠的书家真迹的《平复帖》,张伯驹虽两次求购未成,但他那志在必得的心愿并未泯灭,只不过是等待机会罢了。

　　1937年的夏天,张伯驹因躲避上海炎热的夏天,回到北平(今北京)。这时发生了卢沟桥事变,交通受阻,无法再回上海,就在北平住了下来。当时盐业银行总部仍设在天津,他就往返于北平与天津之间。这年的腊月二十七日,张伯驹由天津回北平度岁,在火车上与傅增湘(沅叔)相遇。

　　"沅叔年伯,好久不见啊。"张伯驹先打了招呼。

　　"啊,是丛碧啊,你也回来过年?"傅增湘说。

　　"我也出来有些日子了,北平方面的情况怎样?"张伯驹问。

　　"项夫人去世了,心畬需款正急,《平复帖》可以……"傅增湘说。

　　"《平复帖》我两次相求,心畬都不肯割爱,现在正遇母丧,如果重提此事,是否有点……"张伯驹说。

　　"我知道你的意思,怕人说你乘人之危,我看不需要有这样的顾虑,我去和心畬说。"傅增湘表示要促成这件事。

　　"心畬急需用钱,我就先借给他一万元吧,至于《平复帖》……"

　　"那就以《平复帖》作抵押吧。"傅增湘说。

　　回到北平的第二天,傅增湘把《平复帖》抱来了。

　　"心畬要价四万,他的意思不用抵押了,还是一次买断较为简便。"傅增湘就这样为张伯驹做主了。

　　张伯驹立即先付两万元,请傅增湘送去,其余两万元分两个月付清。傅增湘临走的时候把《平复帖》带回去欣赏(图三〇、三一)。

　　将溥心畬所藏韩幹《照夜白图》转卖给日本人的白坚甫,得

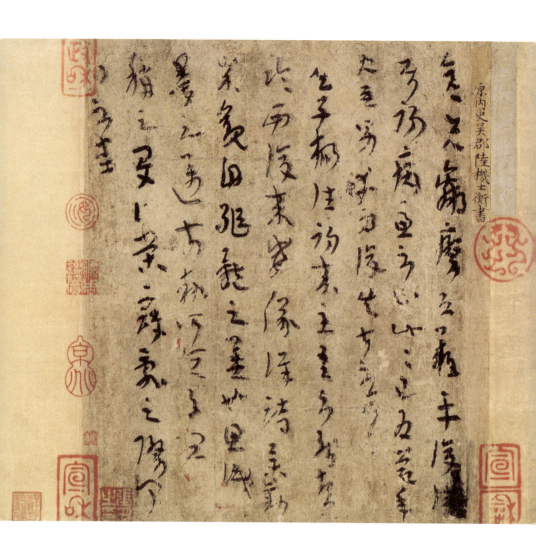

三〇　西晋陆机《平复帖》

三一　张伯驹手迹。在 1998 年北京出版社出版的《春游社琐谈
　　　素月楼联语》一书中，张伯驹详细介绍了收藏《平复帖》
　　　的经过

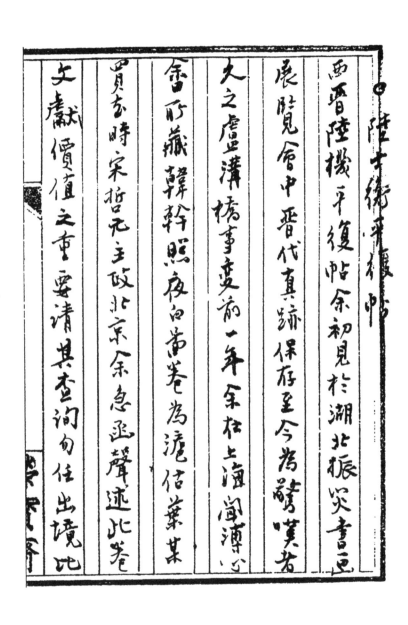

陸士衡平復帖

西晉陸機平復帖余初見於湖北振災書畫

展覽會中晉代真蹟保存至今爲驚嘆者

大之盧溝橋事變前二年余於上海當溥心

畬所藏韓幹照夜白畫卷爲滬估葉某

買去時宋哲元主政北京余急函聲述此卷

文獻價值之重要請其查詢勿任出境此

到心畬因为母治丧急需用钱的消息，也想得帖转卖给日本人，并一口答应付款二十万元，但此帖已被傅增湘取来为张伯驹买断。

《溥心畬传》中很少提到他卖文物的事，但对卖《平复帖》的事是写到的。书中说："为办理项夫人丧事，溥心畬将珍藏半生的无价之宝陆机《平复帖》质押于人，此后永远与他绝缘。"

对心畬为母亲办丧，书中写得较详细："项夫人丧事，在锦萃园中办理。喜庆宴客、娱乐用的大戏楼，用素布遮成庄严肃穆的灵堂，做过七七后，移灵什刹海边的广化寺开吊，丧礼之隆重，虽在日军占据的北平城兵荒马乱中，依然轰动一时。丧期，僧、道、番尼群集念经，超度亡灵。"心畬很有孝心，为母亲"所用满洲式椁木，特别高大，经过几次朱漆之后，心畬以金箔在棺盖及四周楷书小字金刚经，光彩夺目，十分庄严。他又刺臂出血，和上紫色颜料，写心经，画佛像为母亲祈福，捐赠给名山古刹"。

以心畬之身世及其孝心，母亲的丧事不能不大办，不能不讲排场，不能不花大钱，也就不能不卖《平复帖》了。对《平复帖》翘首以待的张伯驹，捷足先登，也就顺理成章了。

傅增湘将《平复帖》携去数日后送还张伯驹，他打开一看，傅氏在帖后作了跋，对此帖的来龙去脉进行了一番考证之后，又分析酷爱书画的乾隆帝，凡是大内所藏名迹，无不经过其一再题跋，为什么独有《平复帖》既未经题写，也无内府诸印，更没有刻入《三希堂法帖》（图三二、三三）。

这个情况在傅增湘的题跋中说得较为清楚，现将原文录之于后：

> 昔王僧虔论书云：陆机吴士也，无以较其多少。庾肩吾书品列机于中之下，而惜其以弘才掩迹。唐李嗣真书品后则置下上之首，谓其犹带古风。观彼诸家之论，意士衡遗迹自六朝以来，传世绝罕，故无以评定其甲乙耶。唯宣和书谱载，御府所藏二轴，一为行书望想帖，一为章草即平复帖也。今望想帖久已无传，唯此帖如鲁灵光殿，岿然独存，二千年来孤行天壤间，此洵旷代之奇珍，非仅墨林

三二　傅增湘

之瑰宝也。董玄宰谓右军以前，元常以后，唯此数行为希代宝，至哉言乎。宣和书谱言，平复帖作于晋武帝初年，前右军兰亭燕集序大约百有余岁，此帖当属最古云。今人得右军书数行，已动色相告，矜为星凤，矧此为晋初开山第一祖墨乎（此亦董玄宰语）。第此帖自宣和御府著录后，只存徽宗泥金签题六字，相传有元代济南张斯立、东郓杨青堂、云间郭天锡、滏阳马昫诸人题名，亦早为肆估拆去。其宋元以来流传踪迹殆不可考。至明万历时，始见于吴门韩宗伯世能家，由是张氏清河书画舫、陈氏妮古录咸著录之。李本宁及董玄宰摩观之余，亦各有撰述，载之集中。清初归真定梁蕉林侍郎家，曾摹刻于秋碧堂帖。安麓村初得观于梁氏，记入墨缘汇观中，然考卷中有安仪周珍藏印，则此帖旋归安氏可知。至由安氏以入内府，其年月乃不可

昔王僧虔論書云陸機吳士也之無以較其多少庾肩

吾書品列機於中之下而惜其以弘斗梅迹唐李嗣

彼諸家之論意士衡遺蹟自六朝以來傳世絕罕

真書品後則置之下之首謂其猶帶古風觀

故無以評定其甲乙耶惟宣和書譜載御府所藏

二軸一為行書望此帖一為章草即平服帖也今堂

想帖久已無傳惟此帖如魯靈光殿巋然獨存二

千年來孤行天壤間洵曠代之奇珍非僅墨林之

瓌寶也董玄宰謂右軍以前元常以後惟此數行為

希代寶至敢言平服帖作於晉武帝

初年前右軍蘭亭燕集敘大約百有餘歲此帖當、

屬最古云今人得右軍書數行已動色相吿矧為星

鳳劃此為晉初開山第一祖乎玄宰此帖自宣

和御府著錄後祇存徽宗泥金箋題六字玄宰此帖自宣

代濟南張斯立東郢楊青堂間郭天錫滏陽趙元

諸人題名亦早為肆估折去其宗元以來流轉踪跡

不可考至明萬歷時始見於吳門韓宗伯世能家由是

張氏清河書畫舫陳氏妮古錄咸著錄之李本寧及

董玄宰摩觀之餘點各有撰述載之集中清勁歸真

定梁蕉林侍郎家曾摹刻於秋碧堂帖安麓邨初

周珍藏印則此帖旋歸安氏可知至由安氏以入內府

其年月乃不可考乾隆丁酉成親王以孝聖憲皇后

遺賜得之遂以詒晉名齋集中有一跋二詩紀之嗣傳

於目勒諸政題為秘晉齋同先聞轉入恭親王邸

嗣王溥偉為文詳誌始末并補錄成邸詩文於卷

尾此世授受源流之大略也或緣純廟情翰墨

凡秘府所儲名賢墨妙靡不遍加品題弁笋成邸

刻冠以三希何乃快雪時晴之前獨遺平原此帖顧

意揣之不難索觀成邸手記明言為壽康宮

陳列之品宮在乾隆時為聖母憲皇后所居緣

其地屬東朝未敢指名宣索泪成邸以皇孫拜賜

又為遺念所頒決無復進之理故藏內禁者數十

年而不獲上邀宸賞物之顯晦其有數存耶或

與心畬王孫昆季締交垂二十年花晨月夕餉詠

盤桓邸中所藏名書古畫如韓幹蕃馬圖懷素

咸得寓目獨此帖秘惜未以相示丁丑歲暮鄉人

白堅甫來言心畬新遭親喪資用浩穰此帖將待

價而沽余深惡絕代奇蹟倉卒之間所託非人或

遠投海外流落不歸尤堪嗟惜乃走吿張君伯

駒慨擲鉅金易此寶翰視馮涿州當年之值殆
騰昂百倍矣嗟乎黃金易得絕品難求余不僅
為伯駒膚淺寶之歌且喜此秘帖幸歸雅流為尤
足賀也翊日寶來留案頭者竟日晴窗展觀古香
醰醰神采煥發帖凡九行八十四字：奇古不可盡
識紙似蠒繭造年深顏渝斂墨色有綠意筆力堅
勁倔強如萬歲枯藤與閣帖晉人書不類昔人謂
者今細衡之乃不盡然惟安麓村所記謂此帖大非章
草運筆猶存篆法似為得之矣余素不工書而嗜
書乃得索靖筆或有論其筆法圓渾如太羹玄酒
士衡善章草與索幼安出師頌齊名陳眉公謂其
古成癖聞有前賢名翰恒思目玩手摩以窺尋其
旨趣不意垂老之年忽覯此神明之品歡喜贊
歎心懌神怡半載以來閒置免城沈憂煩鬱之
懷為之渙釋伯駒家世儒素檀裁大隱王城
古懽獨契宗元劇蹟精鑑靡道卜居城西與余衡
宇相望頻歲過從賞奇析異為樂無極今者鴻
寶來授蔚然為法書之弁冕墨緣清福殆非偶
然從此牙籤錦裹什襲珍藏且視在：處：有神
物護持永離水火蟲魚之厄使昔賢精覿長存
於尺幅之中與日月山河而並壽寧非幸歟

三三　傅增湘《平复帖》题跋。傅氏书法以楷书和行书为主，
　　　楷书兼容欧、柳，晚年又间以魏碑笔意，字迹庄重俊雅。
　　　行书师二王，又融唐碑书风。此段题跋工整流畅，笔力
　　　深厚

悉。乾隆丁酉，成亲王以孝圣宪皇后遗赐得之，遂以诒晋名斋，集中有一跋二诗纪之。嗣传于贝勒载治，改题为秘晋斋。同光年间转入恭亲王邸。嗣王溥伟为文详志始末，并补录成邸诗文于卷尾，此近世授受源流之大略也。或疑纯庙留情翰墨，凡秘府所储名贤墨妙，靡不遍加品题，并萃成宝刻，冠以三希，何乃快雪之前，独遗平原此帖？顾愚意揣之，不难索解，观成邸手记，明言为寿康宫陈列之品，宫在乾隆时，为圣母宪皇后所居，缘其地属东朝，未敢指名宣索。洎成邸以皇孙拜赐，又为遗念所颁，决无复进之理，故藏内禁者数十年而不获上邀宸赏，物之显晦，其亦有数存耶。余与心畬王孙昆季缔交垂二十年，花晨月夕，觞咏盘桓，邸中所藏名书古画，如韩幹蕃马图，怀素书苦笋帖，鲁公书告身，温日观蒲桃，号为名品，咸得寓目，独此帖秘惜未以相示。丁丑岁暮，乡人白坚甫来言心畬新遭亲丧，资用浩穰，此帖将待价而沽。余深惧绝代奇迹，仓卒之间所托非人，或远投海外流落不归，尤堪嗟惜。乃走告张君伯驹，慨掷巨金易此宝翰，视冯涿州当年之值，殆腾昂百倍矣。嗟乎，黄金易得，绝品难求。余不仅为伯驹赓得宝之歌，且喜此秘帖幸归雅流，为尤足贺也。翊日赍来，留案头者竟日，晴窗展玩，古香馣蔼，神采焕发。帖凡九行八十四字，字奇古不可尽识，纸以蚕茧造，年深颇渝敝，墨色有绿意，笔力坚劲倔强，如万岁枯藤，与阁帖晋人书不类。昔人谓士衡善章草，与索幼安出师颂齐名，陈眉公谓其书乃得索靖笔，或有论其笔法圆浑如太羹玄酒者。今细衡之，乃不尽然。唯安麓村所记，谓此帖大非章草，运笔犹存篆法，似为得之矣。余素不工书，而嗜古成癖，闻有前贤名翰，恒思目玩手摩，以窥寻其旨趣。不意垂老之年，忽观此神明之品，欢喜赞叹，心怿神怡。半载以来，闭置危城，沉忧烦郁之怀，为之涣释。伯驹家世儒素，雅擅清裁，大隐王城，古怀独契，宋元巨迹，精鉴靡遗，卜居城西，

与余衡宇相望，频岁过从，赏奇析异，为乐无极。今者鸿
宝来投，蔚然为法书之弁冕，墨缘清福，殆非偶然。从此
牙籤锦帙，什袭珍藏，且祝在在处处有神物护持，永离水
火虫鱼之厄，使昔贤精魄长存于尺幅之中，与日月山河而
并寿，宁非幸欤。

　　岁在戊寅正月下澣江安傅增湘识

据傅增湘推测，因为此帖陈设在皇太后所居的寿康宫，乾隆
就不便再要回来欣赏题写。

傅增湘（1872～1949 年）字沅叔，号藏园，又称藏园老人，
四川江安人。其先前旅寓天津时，遂肄于莲花池书院，当时即以
诗文蜚声，深受山长桐城吴汝纶的奖誉。光绪二十四年（1898 年）
进士，入翰林院，官编修，出任直隶提学使。当时政治风气初开，
念女子独求学无门，乃创设女子学校，成就人才甚多。

辛亥革命后，他受任民国教育总长，后退居京华，以古籍自
娱，搜罗勘对、手校群书一万六千余卷，今均为国家图书馆保存。
遗著已刊行的有《郘亭书目订补》、《藏园群书经眼录》、《藏园群
书题记》等。

又每于春秋佳日，与朋旧出游名山或禊饮，有"蓬山话旧"
题跋序并诗手迹。其诗云："回首春明记梦余，玉河西畔忍停车。
漫愁避世无金马，幸有遗编守石渠。觞咏经秋人易感，文章报国
愿终虚。瀛洲道古谁能续，待访陈骙补后书。"另有《游记》若干卷，
已刊版，尚未印行。平生所撰诗文积稿若干册，尚未整理。

傅增湘为张伯驹购得《平复帖》一事，伯驹终生拳拳于心。
晚年在编著《素月楼楹联》时仍记述此事，说："卢沟桥事变年，
除夕前一日，余自天津回北京度岁，车上遇傅沅叔年伯云：心畲
遭母丧，需费正急。因商定由其作合，后以三万元收得。除夕日
取来于沅叔家同观。又每岁清明，皆去旸台山大觉寺同看杏，于
花间共筑二亭，一名倚云，一名北梅。后余去西安，日本降后回京，
沅老患半身不遂，旋逝世。余挽以联云：万家爆竹夜，坐十二重
屏华堂，犹记同观平复帖；卅里杏花天，逢两三点雨寒食，不堪

再上倚云亭。"

溥心畲有弟叔明，治考订、经义、音韵之学，诗综盛唐，词承五代、北宋，常与伯驹论词，以清空为主，字句声律，每相斟酌。叔明夫人亦能词，病逝后，叔明作悼亡词《浣溪沙》十阕寄伯驹，悱哀幽郁，不忍卒读。伯驹寄书相慰语："词何酷似纳兰容若？"

后两人相见，叔明曰："君真知词者，日来因独夜不眠，读《饮水词》，有同病相怜之感，遂不觉似之耳。"次年春，叔明卧病，伯驹寄《瑞鹧鸪》词相问，往返各至八阕。每当伯驹词到，叔明则曰：鹧鸪又叫矣。伯驹词末阕结句云："寸寸柔肠谁会得，眼前唯有鹧鸪啼。"权明末阕结句云："听到鹧鸪愁已惯，不妨楼外尽情啼。"叔明病逝，伯驹挽以联云："地下镜重圆，终古不分鹣鲽影；人间琴已碎，从今休叫鹧鸪声。"此段旧事直如五代、两宋风情。

伯驹在《陆士衡平复帖》一文中写道："帖书法奇古，文不尽识，是由隶变草之体，与西陲汉简相类。"的确如此，张丑《真晋斋记》中只释了"羸难平复病虑观自躯体闵荣寇乱"十四字。安岐《墨缘汇观》也说："其文苦不尽识。"

1961年，启功撰《〈平复帖〉说并释文》一稿，稿中写道："这一帖是用秃笔写的草字。《宣和书谱》标为章草，它与二王以来一般所谓的今草固然不同，但与旧题皇象写的《急就篇》和旧题索靖写的《月仪帖》一类的所谓章草也不同，而与出土的一部分汉晋简牍非常相近。"文中又说："我在前二十年也曾释过十四字（张丑所识十四字）以外的一些字，但仍不尽准确（近年有的国外出版物也用了那旧释文，随之沿误了一些字）。后得见真迹，细看剥落所剩的处处残笔，大致可以读懂全文。"

启功的《平复帖》释文曰：彦先羸瘵，恐难平复。往属初病，虑不止此，此已为庆。承使□（唯）男，幸为复失前忧耳。□（吴）子杨往初来主，吾不能尽。临西复来，威仪详跱，举动成观，自躯体之美也。思识□量之迈前，执（势）所恒有，宜□称之。夏□（伯）荣寇乱之际，闻问不悉。

这样一段文字写的是什么？据启功考证，帖文谈论三个人，首先谈到的是多病的彦先。陆机兄弟两人的朋友有三个人同字彦先，一是顾荣，一是贺循，一是全彦先（见《文选》卷二十四陆机诗李善注）。其中只有贺循多病，《晋书》卷六十八《贺循传》记述他羸病的情况极详，可知这指的是贺循。说他能活到这时，已经可庆；又有儿子侍奉，可以无忧了。其次谈到吴子杨，他曾到陆家做客，但没受到重视，这时临将西行，又来相见，威仪举动，较前大有不同了，陆机也觉得应该对他有所称誉。但所给的评论，仍仅只是"躯体之美"，可见当时讲究"容止"的风气和作用，也可见所谓"藻鉴"的分寸。最后谈到夏伯荣，则因寇乱阻隔，没有消息。如果此帖确是写于晋武帝初年，那时陆机尚未入洛，在南方作书，则子杨的西行，当是往荆襄一带。

对启功的释文，张伯驹对其中的几句提出不同的见解。他说："启元白释文'彦先羸瘵，恐难平复'，余则释'彦先羸废，久难平复'。虑不止此，'已为庆承'，余则释'已为暮年'；'幸乃复失'，余则释'幸为复知'；'自躯体之美也'，余则释'自躯体之善也'。然亦皆不能尽是。"

对《平复帖》，王世襄也作了一段考证文字。他写了一篇回忆文章，即《〈平复帖〉曾藏我家——怀念伯驹先生》。文中云："我和伯驹先生相识颇晚，1945年秋由渝来京，担任清理战时文物损失工作，由于对文物的爱好和工作上的需要才去拜见他。旋因时常和载润、溥雪斋、余嘉锡几位前辈在伯驹先生家中相聚，很快就熟稔起来。1947年在故宫博物院任职时，我很想在书画著录方面做一些工作。除备有照片补前人所缺外，试图将质地、尺寸、装裱、引首、题签、本文、款识、印章、题跋、收藏印、前人著录、有关文献等分栏详列，并记其保存情况，考其流传经过，以期得到一份比较完整的记录。上述设想曾就教于伯驹先生并得他的赞许"。并说："你一次次到我家来看《平复帖》太麻烦了，不如拿回家去仔细地看。"

王世襄详细记述了看帖时的情景和心情。"到家之后，腾空了一只樟木小箱，放在床头，白棉布铺垫平整，再用高丽纸把已有锦袱的《平复帖》包好，放入箱中。每次不得已而出门，回来都要开锁启箱，看它安然无恙才放心。观看时要等天气晴朗，把桌子搬到贴近南窗，光线好而无日晒处，铺好白毡子和高丽纸，洗净手，戴上白手套，才静心屏息地打开手卷。桌旁另设一案，上放纸张，用铅笔作记录。……《平复帖》在我家放了一个多月。才毕恭毕敬地捧还给伯驹先生……后来根据著录才得以完成《西晋陆机平复帖流传考略》一文。"

1980年冬天，本书作者之一郑重在后海南沿访问张伯驹先生，准备请他写收藏《平复帖》的经过，他提到王世襄，说："京城有两个小天才，王世襄是一个。"

此时，距张氏得《平复帖》已四十三年，距张氏将此帖捐献给国家也有二十二个年头了。提到《平复帖》时，老人已心如止水，只是淡淡地说："那只不过是终了一个夙愿而已，此功应归傅沅叔先生。"老人所说的"终了一个夙愿"，证之《陆士衡平复帖》一文，文中有言："在昔欲阻《照夜白图》出国而未能，此则终了夙愿，亦吾生之一大事。而沅叔先生之功，则为更不可泯没者也。"

四　卖宅院一座
买进《游春图》

　　自清代第一个皇帝顺治到末代皇帝溥仪，在长达二百六十多年的时间中，最推崇书画艺术的应是乾隆皇帝。在他统治的六十年里，全国传世的名迹基本上都进入了清宫，之后虽有积累，但已成强弩之末。

　　聚之愈急，散之愈烈。中国藏之内府的书画损失最严重的，也是在清代。这种损失不是来自天灾，而是祸起萧墙，以皇帝赏赐的方式使之流出宫外。清代自嘉庆以来，国事多变，道光、咸丰、同治、光绪诸朝皇帝对书画，已无任何兴趣，可能他们对宫中历代名迹从未展阅过，因为藏品中很少看到他们的鉴赏印记。倒是末代皇帝溥仪要侍从罗振玉篆了"宣统御览"、"无逸斋精鉴玺"的印文，交由王褆（福厂）刻成，再命近臣将其钤在画上。其实，他并没有鉴赏才能，只不过是摆摆样子而已。

　　嘉庆时已开始用宫中书画名迹赏赐亲王和大臣，如颁赐成亲王那一部分中的陆机《平复帖》、韩幹《照夜白图》。道光以后的赏赐有增无减，仅就赏赐恭亲王奕䜣一笔，就甚为可观，如赵佶《五色鹦鹉图》、陈容《九龙图》、王岩叟《梅花图》等巨迹。

　　溥仪在逊位后的十一年中，由于北洋政府人士对旧主的眷恋，给了"清室优待条件"，"关上家门做皇帝"，在紫禁城里称孤道寡，皇帝、宫妃、太监干出了"监守自盗"的把戏。为了避免被"内城守备队"岗上兵士发觉，溥仪盗宝首先选择册页和卷子，因为这些东西并不显眼。溥杰带着太监挟着黄绫包袱进进出出，值勤人员司空见惯，通行无阻。

　　1924 年冬，溥仪出宫，在此之前，从 9 月 28 日起，到 12 月 12 日止，中间除了少有的间歇外，基本上是按天赏赐，逐日携走，前后两个半月的时间，共盗出去的书画手卷一千二百八十五件，册页六十八件。原藏的书画卷子已基本上被洗劫一空，至于册页，所留者亦极有限，仅有画轴尚未经搬动。

1924 年 11 月 5 日，冯玉祥的部下鹿钟麟和警察总监张璧率领二十名短枪手闯入紫禁城，撵走了溥仪，从而使"清室优待条件"在无形中被宣告取消。

当晚，溥仪回到他父亲的醇亲王府，11 月 29 日逃往日本兵营"避难"。后又逃到天津，在日本的保护下，依然过着小朝廷的尊荣豪侈生活。他在天津的生活即靠变卖从宫中盗出的书画维持。在天津，他究竟卖出多少法书名画，无案可稽，张伯驹在《春游琐谈》说到王献之《中秋帖》与王珣《伯远帖》，都是溥仪在天津卖出的。

1931 年，日本在沈阳发动"九·一八"事变，进一步要在东北建立"满洲国"伪政权，要溥仪当皇帝。10 月初，溥仪从天津出走。藏在静园的书画手卷一千三百件、册页四十件、卷轴二十一件，宋元版本二百部……，不能同时运走，由其父载沣、弟弟溥杰以及若干亲信在天津看守。当溥仪坐上伪满洲国皇帝宝座以后，便以"文治"为幌子，将这批珍宝运往长春。

1945 年，日本宣布无条件投降，关东军撤退，长春伪满皇宫也是一片混乱。溥仪将从北京宫中盗出的书画珍宝，捆载而去。为了减轻负担，不惜把原有的木盒和所有的花绫包袱皮一概去掉，塞入木箱之中运走。

溥仪逃出长春时，一行人数还是不少，有旧时臣僚、伪宫侍卫，还有皇亲国戚，当然是日用浩繁，只能以最低廉的价格出售书画以换取一群人的生活消费。再就是从长春小白楼散出的书画，也是甚为可观。

1946 年，散失在东北的书画文物逐渐出现在市场，国民党接收大员、文物鉴藏家、外国古董商及北京、长春、沈阳、天津等地古玩文物店商人，纷纷登场，为猎取文物进行角逐。

在这个角逐场上，张伯驹匆匆而至。但他不是要抢购某件国宝，而是找到刚从重庆东归的故宫博物院院长马衡（叔平），提出两项建议：一，所有赏溥杰单内者，不论真赝统由故宫博物院价购收回；二，选精品经过审查论价收回。

经张伯驹考订佚目一千一百九十八件中，除赝品及不甚重要者外，有历史艺术价值之品有四五百件。按当时的价格，不需要过巨经费便可大部收回。但"南京政府对此漠不关心，而故宫博物院院长马叔平亦只是委蛇进退，犹豫不决，遂使许多名迹大多落入厂商之手"。

最早打开伪满皇宫佚失书画买卖大门的是北京玉池山房主人马霁川，他去东北收购最早，其次则是论文斋主人靳伯声。这两个人，张伯驹认为："皆精干有魄力，而马尤狡猾。"其后就是由琉璃厂发展起来的"八公司"。这些古代书画对于北京的古玩行业来说，如同发现新大陆，兴奋不已。于是东北货成了热门，大走红运。凡是国外公私收藏的《佚目》书画，除了当时接收大员郑洞国和少数国民党要员在长春有限收购的一部分外，余则多由玉池山房、论文斋及琉璃厂八公司经手。

马霁川第一次从东北就带回二十余件，送故宫博物院。故宫博物院约请张伯驹、张大千、邓述存、于思泊、徐悲鸿、启功等审定。对这二十多件书画，张伯驹都有具体的审定意见：

明文徵明书《卢鸿草堂十志》册，真；宋拓欧阳询《化度寺碑》旧拓，不精；明文震孟书《唐人诗意》册，不精；宋拓《兰亭》并宋人摹《萧翼赚兰亭图》画，不佳；明人《秋山萧寺》卷，不精；清刘统勋书苏诗卷，平常之品；五代胡瓌《番马图》卷，绢本，不真；宋人《斫琴图》卷，绢本，真；唐人书《金粟山大藏出曜论》卷，藏经纸本，宋人笔；明人《山堂文会》卷，纸本，不精；明文徵明《新燕篇诗意》卷，纸本，不真；明李东阳自书各体诗卷，绢本，真，不精；明仇英仿赵伯驹《桃源图》卷，绢本，不真；宋缂丝米芾书卷，米书本伪；宋高宗书马和之画《诗经·闵予小子之什》卷，绢本，真，首段后补；元盛懋昭《老子授经图》卷，纸本，不真；明沈周《山水》

卷，纸本，不真；清王原祁《富春山图》卷，纸本，浅绛，真；明祝允明书《离骚首篇》卷，不真（见高士奇《秘录》）。以上审定者多伪迹及平常之品。另有唐陈闳《八功图》卷，绢本；元钱选《观鹅图》卷，纸本；钱选《杨妃上马图》卷，绢本，则送沪出售。而《八功图》与《杨妃上马图》并已流出国外。盖马霁川之意，以伪迹及平常之品售于故宫博物院，得回本金而有余；真精之迹则售与上海，以取重利，甚至勾结沪商辗转出国，手段殊为狡狯。

范仲淹《道服赞》卷，为宋人著名墨迹，为靳伯声从东北收得（图三四）。张伯驹打开此卷一看，只见风骨峭拔，如范仲淹其人，诚得《乐毅论》法，《三希堂》虽有刻本，但离原迹神貌甚远。卷中宋印鲜艳夺目，后有文与可题跋极为罕见。伯驹认为："观此书体，可知传世与可画竹多伪。"张大千是蜀人，与文同是同乡，想得到此卷。马叔平得到这一消息，也极力追索，而靳伯声则避而不见。一天，张大千、马叔平在张伯驹家相聚，当面商定由伯驹出面找靳伯声，把此卷卖给故宫博物院。后来以黄金一百一十两价讲妥，马叔平将此卷携归故宫。伯驹对此亦很高兴，就对马叔平说："余主张宁收一件精品，不收若干普通之品。"

后来，故宫博物院开理事会，讨论收购事宜，会上决定共收五卷，为宋高宗书马和之画《诗经·闵予小子之什》卷、宋人《斫琴图》卷、盛懋昭《老子授经图》卷、李东阳自书各体诗卷和文徵明书《卢鸿草堂十志》册。其他虽有几件精品，无法再收了。马衡认为买马霁川的那批东西，时间已过去一个多月，款子还未付清，日占本息，有点对不起马霁川。对此，张伯驹感慨地说："诚所谓君子可欺以其方矣。"讨论到范仲淹《道服赞》卷，理事胡适、陈垣等以价钱昂贵而拒收，决定退回。此时正是急景残年，伯驹鬻物举债把《道服赞》卷收了下来。伯驹说："盖胡适于此道实无知耳。"

最使伯驹振奋的是收得展子虔《游春图》（图三五、三六）。

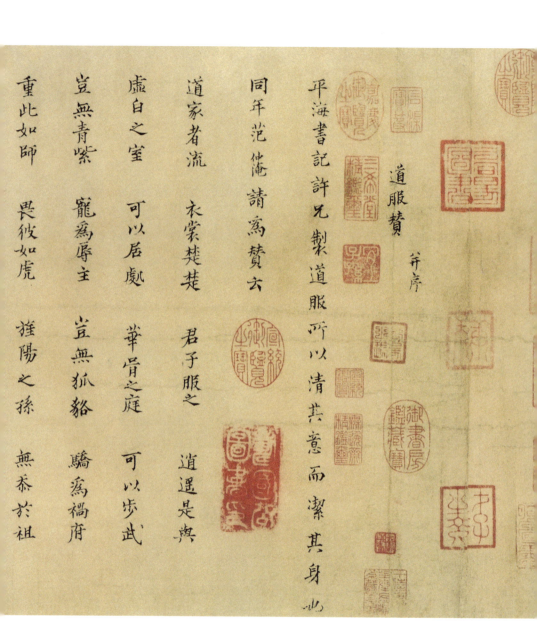

平海書記許兄製道服所以清其意而潔其身也

道服賛 并序

同年范俺請寫賛云

道家者流 衣裳楚楚 君子服之 逍遥是與

虚白之室 可以居處 華骨之庭 可以步武

豈無青紫 寵爲辱主 豈無狐貉 驕爲禍府

重此如師 畏彼如虎 推陽之孫 無忝於祖

三四　宋范仲淹《道服赞》

展子虔是北齐至隋之间（约550～600年）的一位大画家，擅长山水人物，《宣和画谱》称："写江山远近之势尤工，故咫尺有千里趣。"在上海博物馆举办"晋唐宋元书画国宝展"时，曾展出该图真迹。《游春图》绢本，青绿着色，用妥善的经营，丰富的色调，画出了春光明媚的湖山景色。画卷初展，近处露出依山傍水的一条斜径，两人骑马，一前一后地跑来。路随山转，却被石坡遮住，直到有妇人倚立竹篱门首，才又宽展。此处一人骑马，手勒丝缰，正要转弯，画家攫捉住其刹那间蓦然回首的神态。更远一些，有一个骑马人，臂挟弹弓，朝前面一座朱栏木桥缓缓走来，后面跟随着两童子。那些欣欣向荣的树木和络绎不绝的人物与生动的气氛，被这条山路连贯到了一起。飞泻的流泉从桥后山涧中流出，涧左是整齐的山村，涧右环抱着寺庙。抬头仰望，则是青山叠叠，白云冉冉了。

卷的中部是广阔的平波。一条木船，船中坐着三个女子，一人举手遥指，仿佛在谈论湖光山色之美。船尾的男子，荡着木橹，不是摆渡，而是游览。潋滟的水势，斜着向左上角拓展，愈远愈淡，直至与遥天冥然相接。

宋徽宗赵佶将此题为展子虔的《游春图》，遂成定论，自宣和以迄元明清，流传有绪。证以敦煌石室，六朝壁画山水，与此卷画法相同，只不过是以卷绢与墙壁，用笔敷色有粗细之分。张丑谓此画有"十美"，"足称十美具焉：隋贤，一也；画山水，二也；小人物，三也；大刷色，四也；内府法绢，五也；名士题咏，六也；宋装褙如新，七也；宣和秘府收，八也；胜国皇姊图画，九也；我太祖命文臣题记，十也"。因此，他称其为"天下画卷第一"。张丑的"十美"虽有古董家习气，但亦可见对此画的珍视。

展子虔《游春图》原不见《佚目》记载，属目外之物，竟为马霁川所收。马氏于何地收得此卷，不得而知。

张伯驹得知马霁川收有此图，立即前往探询。马霁川要价八百两黄金。对这样珍贵的书画，张伯驹以为不宜私人收藏，应归故宫博物院。他找到于思泊去故宫博物院，说："故宫博物院

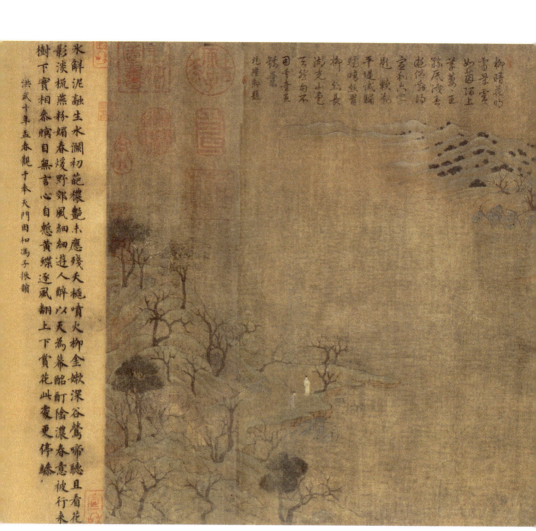

三五　隋展子虔《游春图》

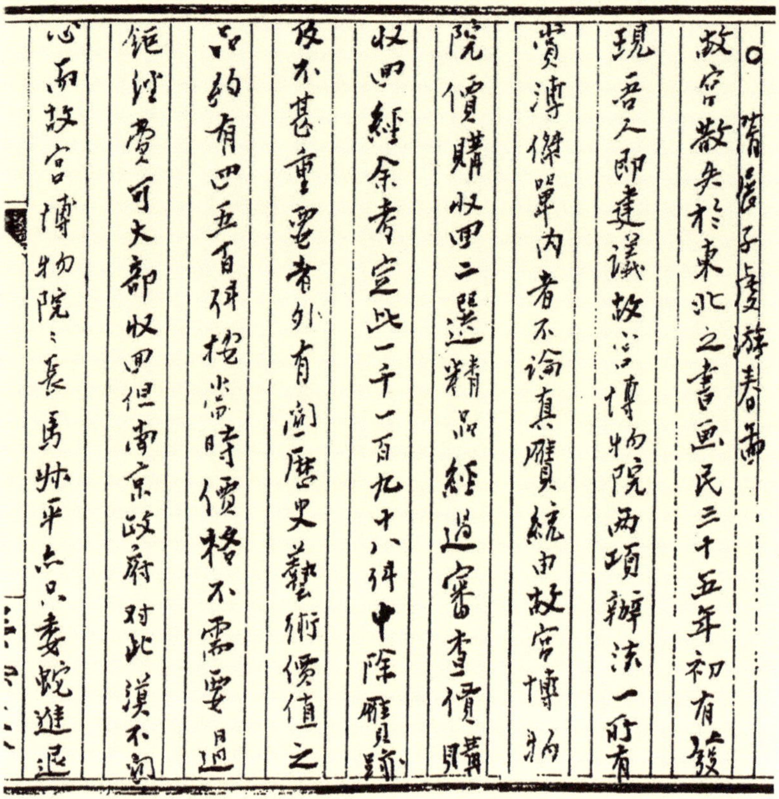

○隋展子虔游春圖

故宮散失於東北之書畫民國三十五年初有發

現吾人即建議故宮博物院兩項辦法一時有

賞溥傑單內者不論真贋統由故宮博物

院價贖收回二選精品經過審查價贖

收回經余考定此二千一百九十八件中除贋蹟

及不甚重要者外有關歷史藝術價值之

名蹟有四五百件按當時價格不需要

鉅經費可大部收回但南京政府對此漠不關

心兩故宮博物院：襄馬牡平只麥蛇遷延

三六　张伯驹手迹。在 1998 年北京出版社出版的《春游社琐谈 素月楼联语》一书中，张伯驹详细介绍了收藏《游春图》的经过应该将此卷买下。还要院方致函古玩商会，告知此卷不准出境，然后才好谈价钱。"

马叔平说："故宫博物院经费困难，难以周转。"

张伯驹说："院方经费困难，伯驹愿代为周转。"

但马叔平仍然不答应将此卷买下，也不愿致函古玩商会。

没有办法，张伯驹自找厂商，向他们讲清此卷流传历史及其重要价值，并警告："此卷不能出境，以免流出国外。"马霁川不一定听张伯驹的，但八公司还是有人心存顾虑，不敢让此卷出境，于是委派墨宝斋马宝山出面洽商，以黄金二百二十两谈定。

此时，张伯驹因屡收宋元巨迹，手头拮据，只好忍痛将弓弦胡同原购李莲英的一处占地十五亩的房院出售，凑足二百四十两黄金（原议二百二十两黄金，马借口金子成色不对，又加了二十两），以此付画款。过了一个月，南京政府张群到了北京，对《游春图》亦有兴趣，即使四五百两黄金也在所不计。张伯驹有些赌气，最初建议故宫收购不成，自己才买下的，现在他不愿再相让了。

据马宝山《书画碑帖见闻录》载：《游春图》乃穆磻忱自长春购得，初与玉池山房马霁川、文珍斋冯湛如三人伙买，购价甚廉。由于穆曾在长春买过范仲淹手书《道服赞》卷，经李卓卿介绍卖给靳伯声，李未要介绍费，穆为报答李卓卿介绍出售《道服赞》之情，遂对李说："我买得《游春图》卷，这件国宝能得厚利，算你一伙吧！"李为人忠厚，不愿自得厚利，他与郝葆初、魏丽生、冯湛如有约，要伙买"东北货"，于是又把郝、魏拉入伙内。

大收藏家张伯驹和马宝山是至交（图三七、三八）。他得知《游春图》的下落后，很想购买到手，苦于与马霁川不能接谈，乃同邱振生托马宝山成全此事，并说《游春图》是国家至宝，我们无论如何不能让它流出国外。

马宝山非常钦佩张先生的爱国热情，便慨允全力助其成功。马宝山与玉池山房马霁川虽是同行，又同是古玩商会理事，但从未有经济往来，要马宝山亲自去找马霁川交涉，多半会碰钉子。想来想去，只有找马宝山至友李卓卿商议。经他与马霁川等反复

三七　张伯驹夫妇与马宝山（左二）合影

三八　琉璃厂墨宝斋马宝山因隋展子虔《游春图》事，与张伯驹
　　　往来频繁。画虽初为马霁川所收，但洽商过程均由马宝山
　　　出面。张伯驹八十二岁时，应马宝山之请，为他写了一幅
　　　嵌字联："宝剑只宜酬烈士，山珍合应供饕夫"

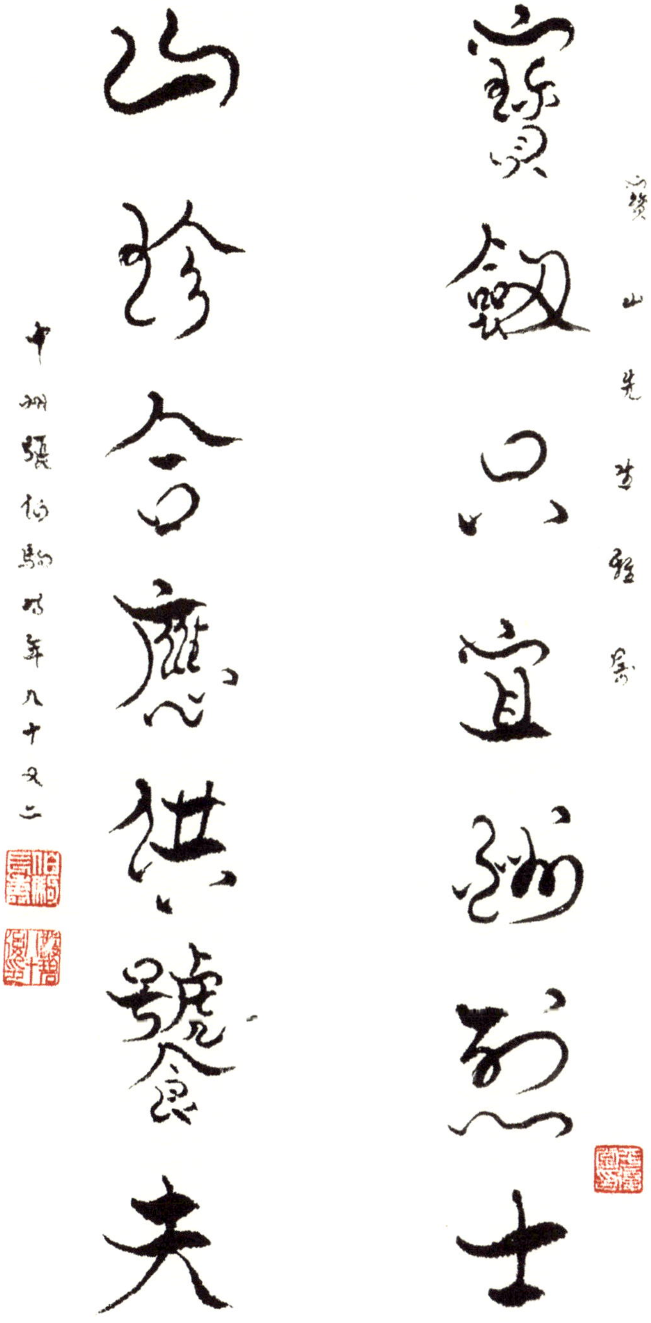

寳劍只宜烈士

山珍今應供號食夫

贊　山先劈經奇

中州張伯駒丙午年八十又二

商谈，最后以二百两黄金之价议妥，言定现金交易，款画互换。张伯驹手头一时无此巨资，尚需各处筹集。就在这时，老友苏凤山同张大千到马宝山家。张大千说："张群要买《游春图》，托马宝山来谈。他愿出港条二百两。"那时香港的黄金最受欢迎，条件确比张伯驹优越。但马宝山答复说："已与张伯驹先生说定，不能失信。"又等了些日子，张伯驹说款已备齐，商定在马宝山家办理互换手续。由李卓卿约来鉴定金色的专家黄某，以石试之，张伯驹所付黄金只六成多，计合足金一百三十两，不足之数，张伯驹允续补足，由李卓卿亲手将画卷交给了张伯驹。后催索欠款多次，陆续补至一百七十两，仍欠三十两，由于种种原因，即无限期地拖延了下去。继而"三反"、"五反"运动起，已无暇顾及此事。此时，《游春图》已归故宫博物院。

1970 年，张伯驹自长春返京，问及马宝山："展子虔卷欠款怎么办？"

马宝山说："这几年变化很大，马霁川等都完了，你也完了，我也完了，咱们都完了，还谈什么欠款的事！"说完之后，两人大笑一场。

张伯驹是个最讲面子的人，八十二岁时，他对马宝山说："你替我办这事，费了不少心血，我给你写幅字，潘素画山水一张，略表谢意吧。"

《平复帖》与《游春图》俱为张伯驹拥有，堪称"二希合璧"，在收藏人生中不可不谓之辉煌，伯驹遂自号"游春主人"，集词友结"展春词社"。晚岁于役长春，更作《春游琐谈》、《春游词》，自叹："一生半在春游中"，人生境界及词的境界风格也随之扩大，自云："人生如梦，大地皆春，人人皆在梦中，皆在游中，无分尔我，何问主客"，万物逆旅，伯驹皆作如是观了。1952 年，伯驹将展子虔《游春图》以购时之原价让与故宫博物院了。

展子虔《游春图》进故宫博物院后，有关其真伪引起了争议。

傅熹年在《文物》1978 年第 11 期发表了题为《关于展子虔〈游春图〉年代的探讨》一文，从画中人物头上戴的"幞头"，画中建筑物的"斗栱"、"鸱尾"的形制，以及对《游春图》和《江帆楼阁图》的比较考证等几个方面，论证了现存的《游春图》并非隋代作品。他认为：

第一，《游春图》中所绘人物头戴高而直立的幞头，且带有不分瓣的巾子，这样的形制当出现在晚唐。作为隋代人的幞头样式虽然没有明确记载，但应该与初唐的"平头小样"式相类似。

第二，《游春图》中建筑物的斗栱样式正是晚唐出现的"柱头铺作"（柱头上的斗栱）与"补间铺作"（柱与柱之间的斗栱）相同的样式。

第三，《游春图》中建筑物的鸱尾形制与北魏到唐中期的风格样式不符，相比之下与宋徽宗所绘的《瑞鹤图》中的鸱尾以及宋《营造法式》中记载的北宋形制相吻合。

第四，《游春图》的卷尾部分与题为唐李思训所作的《江帆楼阁图》的构图和树石位置的安排上也有着惊人的相似之处，似乎脱胎于同一件作品。

综合上述几点，傅熹年认为《游春图》当属北宋的一件摹本。

文章发表不久，在1979年《文物》第4期张伯驹也发表了题为《关于展子虔〈游春图〉年代的一点浅见》的文章，针对傅熹年所列举的考证结论提出了不同的看法：

首先，他认为"幞头"作为衣冠穿戴，有着等级、习惯等不同，仅以画中简略表现的个别人物的穿戴来界定作品并非隋代有些偏颇；其次，他对于画中斗栱与鸱尾和隋代形制不符也提出了自己的看法。他认为中国地域广大，《游春图》作于江南还是北方目前无法知晓，而南北建筑风格差异很大，似乎也难以证明此画就非隋代作品。同时，他也提出此画若是北宋摹本，为何像宋徽宗那样的鉴定内行以及画院中的众多行家里手都无法辨识，反而在卷首由徽宗御题"展子虔游春图"等疑问。

综上所述，张伯驹还是保留《游春图》为展子虔原作的观点。

之后，王去非在《文物》1980年第12期上发表《试谈山水画发展史上的一个问题——从"咫尺千里"到"咫尺重深"》一文，从山水画发展史的角度分析此图并非隋画。他认为，山水画构图从东晋到隋，呈"咫尺千里"之势，即主要表现出上下的高度和左右延伸的长度。至唐代中叶以后，才有意识地以不同层次来表现纵深方向的深度，形成"咫尺重深"之势。而《游春图》已注意深度的再现，属"咫尺重深"构图，故不会早于唐代。他认为《游春图》当属唐中叶以后的作品。

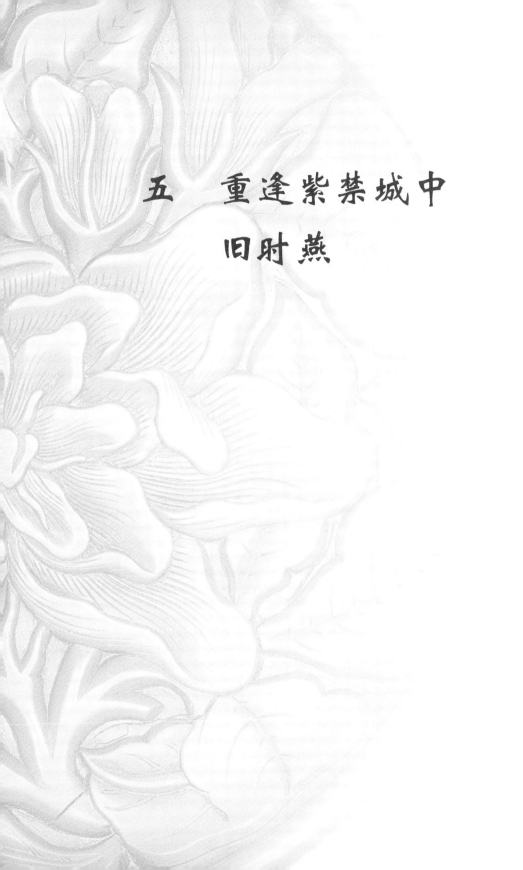

五　重逢紫禁城中
旧时燕

　　北平解放之后，为还欠款和维持家用开支，张伯驹把西城护国寺附近的一处老宅卖了，于1956年全家迁到后海南沿的一个小院落，这也是他最后一点不动产了。院子不大，也不够规矩，一排五间北房，西边是一角偏厦，街门则冲着后海南沿（图三九）。

　　伯驹在这里静养，平时很少和外界接触。他自认是民国遗老，遗老就有着遗老的处世心情，说是孤傲可以，说是清高也可以，或者还兼有郑所南的那种前朝遗民的心情，画着无根无土的兰花（图四〇～四七）。虽然如此，但老朋友还是不能忘却互相往还的。1952年春节前，张伯驹到辟才胡同给齐白石老人拜年去了。和伯驹同去的还有老友王森然。因为应陶铸之邀，王森然去了武汉，在军管会文教部当了个副主任，所以此时他身着解放军军装。

　　由王森然这身军装，引出白石老人一番话来："比来比去，倒是解放的好。政治清明，百姓安乐。这几十年，乱子就没停过，这儿打了那儿打，都说自己对，为民立命。搞来搞去，还是共产党拿了天下。"

　　张伯驹对白石老人的话很注意，深感自己还没有白石老人的这种心境。

　　白石老人捋着胡子，接着又说："那毛泽东，还是我正经八百湖南老乡呢，也是湘潭人，他接我到中南海，唠了一个下午，一点儿架子也没有啊。"

　　张伯驹注意到挂在墙上的一副没有装裱的对联："海为龙世界，天是鹤家乡。"

　　白石老人说："这是我送给毛泽东的对子，写了两副，不知字写得好不好？"

　　张伯驹说："字是没得挑了，倒是有个字，面生。"

三九　北京后海南沿张伯驹最后的居所

　　白石老人面色有些紧张："哪个字？"

　　张伯驹笑而不语。还是王森然问道："这句出自完白山人邓石如的成句啊。"

四〇　张伯驹绘《楚泽流芳》

四一　张伯驹绘《垂杨飞絮》。张伯驹喜杨树，当垂杨飞絮时，
　　　兴致勃勃作画并赋《水龙吟》词。词曰："乍开谁当花看，
　　　幻身一现旋教坠。隋堤路远，章台非旧，有何情思。摇
　　　荡春魂，懵腾酒梦，重门深闭。算癫狂成性，飘零经惯，
　　　最容易、因风起。　　抛撒故乡何处。料天涯、枝头难缀。
　　　飞时有迹，捉来无影，欲团还碎。乱扑征衣，轻窥离席，
　　　又随流水。怪年年作态，将人勾引，洒东风泪。"

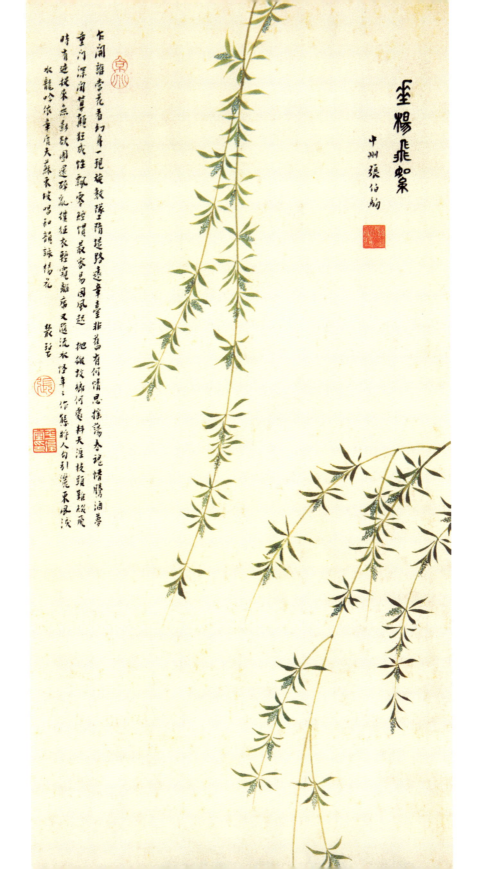

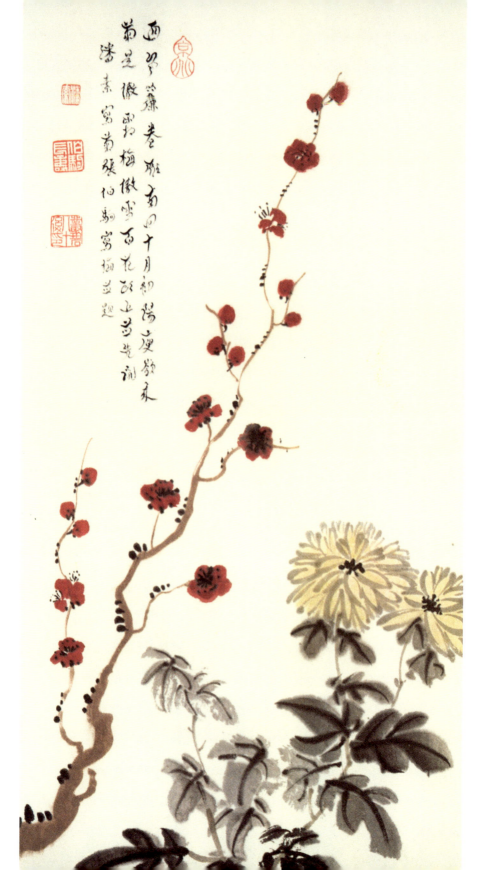

门前春水长鱼虾帆影
夕阳斜故家堂构遗基
在尚百年乔木栖鸦
寂寞诗书事业沉沦
渔钓生涯　只今地变
益人退旧梦溯蒹葭名
园天下关兴废算只馀
海浪淘沙不见当时绿
野也成明日黄花
调寄风入松
敏庵词家同社属题
辛卯暮春张伯驹

四二　张伯驹、潘素夫妇合绘《梅菊》

四三　1951年暮春，张伯驹为《咸水沽旧园》题词一阕。词曰：
　　　"门前春水长鱼虾，帆影夕阳斜，故家堂构遗基在，尚百年、
　　　乔木栖鸦。寂寞诗书事业，沉沦渔钓生涯。　只今地变并
　　　人退，旧梦溯蒹葭。名园天下关兴废，算只余、海浪淘沙。
　　　不见当时绿野，也成明日黄花。"

四四　1951年，七十四岁的陶洙（心如）为周汝昌作《枫红芦
　　　白村图》，张伯驹于上吟题七言诗一首："芦白枫红水国
　　　遥，泥沽豆舫远通桥，鱼盐市冷占帆去，只有斜阳送晚潮。"
　　　启功（元白）亦有七言题句："荒渠野水荻花秋，秋字沽
　　　边忆旧游。不使鱼洋专胜赏，半江红树小扬州。"

四五　1951 年，以关赓麟（颖人）为首，稊园诗社于承泽园举办重三禊集，骚坛精英云集达四十人，空前绝后。前排左起依次为黄复（娄生）、蒋希文（以字行）、张伯驹（丛碧）、潘素、高琼（默仙）、夏蔚如夫人、黄畬（经笙）、林仪一（君度）、宋庚荫（筱牧）、夏纬明（慧远）、唐益公（以字行）。中排左起依次为关赓麟（颖人）、郑晟礼（舜徽）、王耒（耕木）、胡先春（元初）、许宝蘅（季湘）、汪鸾翔（公严）、彭立岜（居余）、夏仁虎（蔚如）、高毓浵（潜子）、陈宗蕃（莼衷）、陶洙（心如）、刘子达（孟纯）、邢端（蛰人）。后排左起依次为经善（柏泉）、卢启贤（颐陵）、薛长炘（稷生）、吴熙曾（镜汀）、秦裕（仲文）、张琢成（以字行）、周维华（公阜）、刘契园（以字行）、张浩云（天衢）、顾仪曾（善先）、许以栗（琴伯）、周汝昌（敏庵）、谢良佐（稼庵）、惠均（孝同）、黄孝平（君坦）、孙铮（正刚）

白石老人："对，是邓顽伯的话。"

王森然说："邓石如的原句，下联当为'云是鹤家乡'。"

白石老人："唉，这下麻烦了，对联已送去，如何是好，这要是过去，属于欺君之罪，是要杀头的啊。"

张伯驹说："'海'字与'天'字相对，没有什么不妥。再说以毛泽东的胸怀而论，他还不致会怪罪于您老。"

小叙片刻，齐白石忽然对张伯驹说："前次去中南海，也见到了周恩来先生。他告诉我，《伯远帖》已从香港买回来了。周先生说，有时间可以去故宫看看。"

张伯驹心头一震，仿佛是听到久别亲人回来的消息。

白石老人又说："听森然说，这《伯远帖》曾在丛碧手上过过？"

张伯驹说："是的。过了年，我们一起去看看。"

闻《伯远帖》从香港购回，张伯驹有些激情难抑，想立刻前往探望。一打听，需要写报告，还要等文化部批准才能去看。

带着一股子扫兴，张伯驹在家中闷坐。

春节一过，何香凝老人同几位画家来串门了。一块来的还有一个人，是张伯驹夫妇所没想到的——西谛。

西谛即是郑振铎（1898～1958年），此时是文化部文物局局长。20世纪30年代初便是文化界知名人士，以藏书著称，著作也很丰富。抗战期间，他留居上海，致力于进步文化。所著《插图本中国文学史》及《中国通俗文学史》，享有盛誉，亦为张伯驹所推重。以往，张伯驹同他往来不多，只是一般认识，见面只是礼节性的寒暄几句。1941年，张伯驹被绑架，潘素找了他，他当即鼎力相助，不但慷慨解囊，还通过舆论界向歹徒施加压力。张伯驹脱出樊笼之后，他们夫妇曾一道登门道谢。

何香凝一进门就热切地说："伯驹，西谛来请你出山了。"

张伯驹忙道："我一个衰朽之人，能干什么？"

"起码可自食其力。"何香凝以老大姐的口气说："新中国不喜欢吃闲饭的。我也是七十多岁的人了，比你年龄大，这些年，

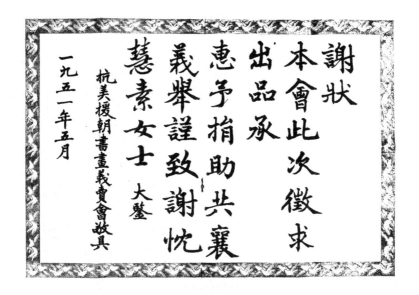

四六　抗美援朝书画义卖会授予潘素的谢状。1951年，燕京
　　　大学妇女会响应抗美援朝捐献的号召，潘素主办了一
　　　个书画折扇义卖展览会，并参加北京市抗美援朝书画
　　　义卖会。同年10月又赴唐山市举办国画义卖展览会

还不是靠事情撑着。真闲下来，什么事情都不干，早就死了。李
济深、蔡廷锴、程潜，还有冯玉祥的夫人李德全，都是你熟悉的，
哪个不在干事？昨天我碰见李书城，是光绪七年（1881年）生人，
比我小三岁，比你要大几年，还干得热火朝天。"

　　张伯驹连连摇头说："晓园先生乃一代才人，伯驹怎么和他
比。辛亥武昌举事时，他便是汉阳总司令部的参谋长了，后来
又出任北京摄政内阁的陆军总长，乃国之耆宿。伯驹何德何能，
一生是个闲散之人，怎敢再有奢望。"

　　郑振铎随即说："这话就是丛碧先生的客气了，文化上的许
多事情，将来还要请先生参与的，我今天是先来打招呼，过些日
子要发聘书的。"

　　何香凝说："好了，不谈公事，我们看画吧。"

　　何香凝带来几位画家，就是要看潘素临摹的吴历的《雪

四七　1959 年，张伯驹之女张传綵和两个孪生女儿楼朋林
　　　　（左）、楼朋竹（右）的周岁合影。姐妹俩豆蔻之年常
　　　　侍奉外祖父身旁，深受宠爱，张伯驹溺爱之情在词中
　　　　时有表露

山图》。

《雪山图》是张伯驹一位朋友的收藏，因一场暴雨，年久失修的房子四处漏雨，将挂在墙上的《雪山图》也给毁了。这位朋友心痛得似乎是把命丢了，将画抱来找张伯驹帮忙挽救。经潘素接笔修补，重裱之后恢复原貌。她同时又临了一张，比吴历的原作更为有神。

潘素临的《雪山图》之所以有名，是因为骗过了造假高手张大千。张大千看了认为是一张古画，并为之题识曰："神韵高古，直逼唐人，谓为扬升可也，非五代以后所能望其项背。"

夏敬观题曰："妙似冰蟾笔，能追墨井宗，为谙松柏性，写出岁寒容。"

陈庸题曰："墨井安能独擅名，纤纤玉手白描成。漫芳重立门前雪，云水光中老眼明。"

傅增湘题曰："瀑光寒不流，山容静逾妩，函人夜未眠，坐玩群玉府。"

何香凝看了一阵还不满足，要借回去欣赏几天。

郑振铎来过之后不久，国务院果然向张伯驹下了聘书，聘请他当文化部顾问。隔不了几天，他就到文化部上班去了。

一天，康生突然到后海南沿张伯驹家来了。

"康生。"他自我介绍，同时伸出一只手。

张伯驹伸出双手，同康生握了握。他知道康生是共产党内的文豪，也是喜欢摆弄书画、版本、古玩的人。

"我们随便一点……"康生看张伯驹有些拘谨。张伯驹虽久在江湖闯荡，但他那非常内向的性格始终没变，见了陌生的人总有些放不开的样子。

"听夏衍同志说，伯驹先生在戏曲方面很有研究。今后，这方面的担子，你还要多担一点啊。"康生面带微笑说道，"新中国需要自己的新戏，不能总是《打渔杀家》、《凤还巢》、《借东风》之类。这些天，我一直在考虑请一位专家牵头，搞点现代戏。毛主席有一封写给延安平剧院的信，张先生不妨看看。听陈毅同志说，你也登台唱过《空城计》？那个时代是这样的，现在不行了，文艺要为政治服务。中央打算成立一个现代戏创作小组，想请你来，你看怎样？"

"我不行。我是个局外人，刚参加革命工作不久，打杂跑龙套或许可以，这个我可真干不下来。"张伯驹很直爽地说。

"哦？这也是一个难得的机会，张先生可以先试试，旧瓶要装新酒，不能抱残守缺啊。"康生有点儿官腔了。

张伯驹沉默，无言以对。

康生又说："搞现代戏，也就是为了促进人们的思想改造。"

张伯驹仍然不知道转弯，说："对现代戏，我一点也不懂。"

康生说："这没什么，会推碾子就会推磨，旧瓶装新酒，旧瓶还是要的嘛。自古以来，矫枉必须过正，不过正则不能矫枉。所以我们的步子就要大点儿。为什么要批判《武训传》，最根本的就是抓意识形态。如果思想仍停留在从前，就会落在后面。"

张伯驹感到康生情绪时时在变化，把握不住，也不知说什么好，只是点着头应付着。

康生挥了挥手，说："好吧，这个事，你自己再想一想，考虑好了，再答复我。"

康生站起身来，走到《雪山图》前。何香凝前几天送还回来，张伯驹随手就挂在那里，没有收藏起来。

"这是内人潘素的临摹习作。"张伯驹说。

"情致不错嘛。"康生说着，把话题一转说："听人讲，张先生藏了不少古画，可以看看吗？"

张伯驹谦逊地说："多少有一点，不过大都不在这里。"

"哦，没关系，随便看一看也好。"康生说。

潘素从里间取了七八件字画。这都是北平解放前夕买的。基本上都是明清两代画家的作品。张伯驹把画一幅幅全挂了起来。

康生以行家的眼光，一幅幅地看着。之后，又看了几位清代画家的作品，如黎简的山水、任伯年的人物和虚谷的花鸟。

"这几件东西，能不能借给我看一看，内人伴竹也喜欢写写画画，让她也开开眼界"。

张伯驹向来以慷慨而著称的，此时更是自无不允，痛痛快快答应了。潘素找了个布兜，张伯驹把画一一取下来卷好，放进布袋里。最后，康生又握着张伯驹的手说："张先生，方才说的事，请你再考虑考虑。"

送走康生，张伯驹心里很乱。他一方面感到康生是个行家，鉴赏的眼力不错，旧文化的基础不错，又感到康生不可捉摸，特别是叫他去搞现代戏，使他感到为难。他自认为对现代戏是一窍不通，连这个名词也是第一次听说。突然要他搞现代戏，不知是康生言不由衷，还是随便开开玩笑。

经过三天的考虑，张伯驹给康生写了一封信，表明他"实在难胜任"，以免"贻笑大家"，请康生同志"另择高明"。

过了不久，康生来信，是一封便函，寥寥数语，无非是一番问候，并说借去几张画，轶欧和朋友见了都非常喜欢之类。信尾是一行小字：昨，心血来潮，书章草一幅，尚觉满意，寄上。

张伯驹打开那幅字。字是用四尺宣纸写的，分开两行写了十六个字：

　　　　古为今用，洋为中用

　　　　百花齐放，推陈出新

署款为"康生"。一边还有另一行行书，写道：值康生同志参加中央会议归来，兴酣而草。署款为"伴竹"，为曹轶欧的笔名。

潘素把这幅字看了看，说："用章草写的。"

张伯驹说："应当说，这幅字写得不错。"

去看《伯远帖》的报告终批复下来，已经到年底了。

手续是由文化部报到国务院批的，张伯驹已经从中意识到中央对这件文物的重视。虽然拖了这样长的时间，但张伯驹还是感到一种安慰。他回想起，当初《伯远帖》流落街头，被人一次次贩卖，无价的文物成了有价的商品，最后落在他的手里。八个月中，他几乎每天都要把《伯远帖》看上一阵，对帖上的一笔一画，都留下深刻印象，但由于筹款无着，只好退了回去。当时的那种心情此时已不堪回味。

今天，他又站在《伯远帖》前。他控制着自己的激动，凝视着《伯远帖》。《伯远帖》被放在一个玻璃罩内，平时罩上蒙着不透光的布套，以免遭到紫外线照射而损毁。张伯驹他们进去时，布套才取下来。一块儿去的，还有一位人民日报记者，背着一架照相机，本想拍照。但是，那里不许拍照，以防闪光灯对帖有破坏作用。

看到这里，张伯驹更是百感交集。国民政府时代，他曾几次上书，大声疾呼，要政府出面，将流散于民间的珍贵文物尽数收购，以存国粹。后来，他也曾自行成立保存国故委员会，可是直到最后，都得不到政府的批准与委任，就连已经到手的《伯远帖》也漂泊不定。解放后，正是百端待举，到处用钱之时，国家却不惜重金，将此帖从香港购回。一件文物的遭遇，竟有如此天壤之别，这一比较，又怎能不令他感慨万千呢？

同去参观的有河北束鹿画家赵望云，走到伯驹跟前，说："张伯老，都云你收藏甚富，这一件东西又在你手中留过，为什么没把它买下来？"张伯驹不知从何说起。

赵望云是王森然的学生，为长安画派创始人。当今的名家石鲁、黄胄、方济众都是他的学生。他长期生活在西北，对东边的事不大知道，还是王森然告诉他："那时候，他手中无钱，买不起。"于潜移默化中，他对共产党的认识又深了一步。

回到家，他特别兴奋，将参观的情况，告诉正卧病在床的潘素。潘素也有万千感触。

当晚，张伯驹展纸挥毫，写了一首词：

　　钟敲夜半窥长钩，平生愿，几曾休。琴棋书画，难系天下忧。便是杜鹃尽啼血，心不老，鬓先秋。　一帖《伯远》千虑收，看中流，放兰舟。风发意气，百舸竞上游。抖擞精神狂歌去，新中华，万民讴。

六 捐献：八大国宝
重返皇宫

　　共产党的高层人士中和张伯驹有往来并成为知交的是陈毅。

　　全国解放之初，张伯驹与潘素前往苏州扫墓，回来时，应上海朋友之邀，在上海小住数日。一天，旧友丰子恺、魏金枝等邀他一同出席上海文化界的一个聚会。席间，见到了南社创始人之一、老词人柳亚子。趣味相投，两人不免谈起诗词来。听说柳亚子和陈仲弘相识，张伯驹很想一见，便找柳亚子将自己的一本诗词集转呈仲弘先生。以文会友，古来便是一件雅事，本来没什么。伯驹所以对仲弘有兴趣，那是他看了仲弘的诗作，有几首写得不错，他几乎可以背诵，可谓是心仪已久了。

　　"死后英雄多努力，捷报飞来当纸钱"；"此去泉台集旧部，旌旗十万斩阎罗"。每一句都写得淋漓酣畅，恣肆痛快，这种气势正是自己诗词中所缺少的，感到对自己那种遁世迟暮之感的冲击。

　　后来，伯驹才知道陈仲弘就是陈毅，原来是新四军军长，是共产党的高级干部，此时正任上海市市长。

　　伯驹有些愕然，后悔当初不该那么轻率："人家一个共产党的高官，会理睬你一个不足挂齿的民国遗老吗？"

　　想不到的是，聚餐不久，陈毅便给他来了信，信中对他的诗词大加赞赏，并指出哪几首他尤为喜欢。显然，陈毅已把那本诗词集看过了。信中，还给张伯驹寄来他的近作，并约定时间邀请到家中一坐。张伯驹犹豫再三，终于去了。在陈毅家吃了一顿饭，谈诗论词，谈到很晚。

　　渐渐地，张伯驹有了一种"新中国主人翁"的感觉，融入了新社会的生活，在文化部干着力所能及的工作，提意见，提建议，即便是一些不大成熟的想法，也拿到桌面来，供具体办事的人参考。他的见解独特，没有人云亦云的习气，屡进屡退的事是常有的。

特别是对文物的整理与收集、鉴定工作，张伯驹付出了大量心血。康生的那个现代戏创作小组一直没有搞起来，连点儿声音也没有。不搞新的还是搞老的，轻车熟路。他和末代皇叔载涛等组织了北京京剧基本艺术研究社，分设京剧和昆剧两组，社里有众多的名票友，组织多次演出和印刷有关资料。

载涛（1887～1970年）是末代皇帝溥仪的亲叔，历任清朝军机大臣。入民国后，曾为溥仪管理宗人府银库的事。1924年，溥仪被逐出清宫，他也就停止了社会活动，过着坐吃山空的日子。后来，搬到后海附近的贝勒府，住进了自己原来的马厩，而后竟穷得到德胜门外摆地摊，已经完全没有皇叔的尊严。历经沧桑，他的思想已经平民化。新中国成立，他很快就融入新的生活，对共产党从心底里感激。首先，他被新中国马政局聘为顾问，发挥他调理军马的专长；第二，当了人民代表，后又被委以国家民委副主任；第三，得到毛泽东、周恩来的多次接见。

虽然如此，他仍然有着当皇叔时玩的爱好。他爱玩，会玩，在北京城是有名的"大玩家"。他喜欢收藏兵器、种花、笼鸟、养鱼、斗蟋蟀、画画、读书，最喜欢的是唱京戏，与当时名角尚小云、谭叫天、梅兰芳都有往来，自己生、旦、净、丑样样拿得起来，曾收了李万春为徒，整整教了他三年《闹天宫》。他和张伯驹是老玩友了。

在北京京剧基本艺术研究社，张伯驹玩得不错，曾和尚小云等大师合演过《打渔杀家》等十余出好戏，留下了颇为人们称道的记录。同时，还向晚辈艺人李少春传授"一招之绝"，如《战樊城》一戏的唱法。

建国之初，老一辈棋坛高手云集京都，李济深等发起北京棋艺研究社，邓小平、陈毅等都是社员。张伯驹素有"棋坛圣手"之誉，自然也是社中要人，当然理事。至于书画艺术，更是毕生所钟爱。1952年，齐白石、于非闇等发起组织北京中国画研究会，他被聘为理事。1956年，叶恭绰、郑诵先等发起成立中国书法研究社，他被选为副主席。海内已成绝响的古琴艺术，北京城也

四八 1980年3月5日，北京古琴会复会，吴景略接受张伯驹为复会所写的贺词。吴景略（1907～1987年），名韦滔，别号缦叟，江苏常熟人。1955年被中央音乐学院聘为古琴教授，1980年起兼任北京古琴研究会会长

仅有溥雪斋等十余位老前辈为知音，伯驹于此道也非等闲。古琴老人苦于没有交流琴艺的地方，在他的张罗下，1954年北京古琴会成立（图四八、四九）。他当选为理事。伯驹自得展子虔《游春图》后，于展春园集词友结庚寅词社（展春词社），开始只有二十余位老词友，接下来便长幼咸集，甚至发展至外省，社员多至百余人。对此，张伯驹常谓“生正逢时”。他十分留恋那段日子，如太平盛世，造就了极为良好的文化氛围。

陈毅由上海调来北京，张伯驹和他走得近了。又加之两个都是棋社成员，有时也在一起切磋棋艺。一天，无意之中，张伯驹把康生借画的事说了出来。

原来，康生借去欣赏的几张画，过了很长的时间，没有音信。这几张画，在张伯驹心中并不占什么地位，还不还都是无所谓的。但是，康生说话那种居高临下的样子，他感到不太舒服。若是康

四九　1980年3月5日，北京古琴会复
　　　会。会前张伯驹书贺：玉轸金徽
　　　传失响，高山流水聚知音

生明言，即使委婉表示出想要的意思，张伯驹也不会皱一下眉头，会拱手相奉的。但是这种"以借代取"的做法，未免缺少一点君子风度。

不料，陈毅回去之后，把这件事告诉了周恩来。周恩来是在"西安事变"时从张学良那里知道张伯驹的。当时，他在张学良的官邸见到了一幅笔画像蚯蚓一样的怪字，上面写了这样一段话：

举人不望其报，恶人不顾其怨；

官非其任下处，禄非其功不受；

见人不正，虽贵不敬；

得不为喜，去不为恨；

非其罪，虽累辱而不愧也。

这段话可能是符合周恩来的人生哲学，给他留下了很好的印象。于是张学良将张伯驹的家世背景及为人向周恩来作了介绍。建国以后，周恩来和傅作义、何香凝、茅盾等人也谈起过他，印象就加深了。听陈毅这么一说，周恩来想了想说："康生同志可能忘了，我想个办法提醒他一下。"

陈毅心直口快，说："我看不是忘了，是老毛病喽。"

周恩来说："我让颖超和小曹说一声。康生同志是聪明人，一点就透的。"

邓颖超见到曹轶欧，话也说得较为委婉："轶欧，听说康生同志借了几幅明清山水，不知还了没有，恩来也想借来看看。"

曹轶欧马上说："哦，那几幅画刚刚还了。总理喜欢，我想办法再借来。"

邓颖超说："既然还了，就不麻烦了，以后若有什么好的字画，告诉我一下。"

当晚，康生便让人把那几幅画送还到张伯驹家。见了画，张伯驹反倒感到有些愧疚，以为是错怪人了，不应该和陈毅说这件事。

1956 年，文化部搞传统剧目整理工作，征求张伯驹意见，他欣然地参加了，担任顾问。虽然忙，却乐此不疲，为传统剧保留

五〇　1956 年，张伯驹潘素夫妇将多年宝藏的古代书画八件
　　　无偿捐献给了国家，文化部特发褒奖状褒扬他们"化
　　　私为公，足资楷式"

剧目整理工作出了许多点子，被授予中国戏剧家协会名誉理事。

　　1956 年，张伯驹向文化部做了一次捐献，文化部向他颁发
了褒奖状，内写："张伯驹、潘素先生将所藏晋陆机《平复帖》卷、
唐杜牧之《张好好诗》卷、宋范仲淹《道服赞》卷、蔡襄自书诗册、
黄庭坚草书卷等珍贵法书等共八件捐献国家，化私为公，足资楷式，
特予褒扬。部长沈雁冰。1956 年 7 月。"（图五〇、五一）

　　张伯驹夫妇将珍藏的八件国宝级的法书捐给国家的消息，在
中国文化界引起震动。文化部为此举行捐献仪式，并奖励三万元
人民币，国内各大报都发了消息。

　　奖金三万元，张伯驹坚持不受，说是无偿捐献，哪能拿钱呢，
怕沾上了"卖画"之嫌。后经郑振铎一再劝说，告诉他这不是卖
画款，只是对他这种行为的一种鼓励，他们才把钱收了下来，并
拿去买了公债。

五一　张伯驹夫妇参观故宫后在护城河边留影

实际上，张伯驹的这次捐献就是由公债引起的。

在此之前，文化部开了一个会，动员大家购买公债，支援社会主义建设。饭后，在文化部机关大会议室又继续开小会。参加会的，除了几位部领导外，还有一批文化界知名人士。会议由副部长郑振铎主持，不再谈买公债的意义，而是抓落实。在许多时候，数量也反映了态度，特别是在有关公益的事情上。

解放后，中央各部都吸收了一些民主人士担任各种职务，确实有些民主风气。那时实行供给制，大部分东西都是统一发的，现金津贴很少，干部还是很穷。直到1955年才改为工资制，大家手中多少有点钱，但工资制才实行一年，钱仍然不多。所以，这次买公债的工作，也不那么简单。"穷文富武"，所以文化部要完成任务很是艰巨。

小会是座谈式的，没有什么程序，大家随便议论。先是部长沈雁冰带头，他的稿费多一些，在文化部算是"大财主"，一上来，先自报买五千元公债，接下来是副部长夏衍，自报了四千元。郑振铎的经济情况好一些，又是党外人士，头一定要带的，报了八千元。接着，会场便沉默了。

沈雁冰说："没关系，大家量力而行，条件好的多报一些，条件差的少报一些，多少都是表示支援国家建设的一点心意吧。"

会场仍然是一片沉默。

郑振铎的目光把全场扫了一遍，最后落在张伯驹身上。参加的几十个人，他是公认最有钱的人了。当年的"四公子"哪一个不是家财巨富，挥金如土？可是关于他倾家荡产买古画，还很少有人知道。

"丛碧先生，你来讲几句吧。"郑振铎笑着说。

张伯驹本来就是如坐针毡，让郑振铎这么一叫，更有点儿不知所措了。憋了一会儿，他才吃力地说："我……一定带头，一定。回去和我内人商量一下，争取多买一点儿。"

会又开了半小时，散了。张伯驹真是有口难言，谁会相信他会没有钱呢。若是以往，十万八万绝不在话下。可如今，拿一千块钱也是太难了，而且又找谁去借呢？从前，凭他一个名字，随便到哪个银行、钱庄，都可以借几万块钱，可如今，谁会借给他。再说，总不能只报一千元吧。他这个人，把面子看得比命都重要。此番，才平生第一次尝到"阮囊羞涩"的滋味。

回到家里，他把这件事和潘素说了。潘素还不知道他的心事，就说："买就买吧，大家都买，我们也不能落在后面。"张伯驹说："钱呢？我们总不能买一千块钱吧。这一千块现钱，你拿得出吗？"潘素一想也是，钱呢？想着想着，也犯起愁来了。

"实在不行，只好卖点儿字画。"张伯驹说。这是他最不愿意说的话。

"卖《平复帖》？"潘素故意逗逗他。

张伯驹摇摇头。

"卖《游春图》？"潘素仍是故意地说着。

张伯驹又摇摇头。

"你打算卖什么？又卖给谁？"潘素又问。

"这些都不能卖，已经留给你……"张伯驹说。

"给我？"潘素莞尔一笑道，"你的这些宝贝，我可操不了这份心。如今就算天下太平了，不怕有人抢了，可万一虫蛀了，霉坏了，我可担当不起。"

1948 年，国民党特务组织蓝衣社寄给张伯驹一颗子弹，警告他不要再向傅作义劝降*。张伯驹劝傅作义向解放军起义投诚，

---

* 1945 年 8 月 15 日，抗日战争胜利。是年冬，张伯驹携家眷自西安返回北平（今北京）。不久，他便忙碌起来，除担任故宫博物院专门委员外，还担任了南京美术学会北平分会理事长，后又被聘为华北文法学院文哲系教授、燕京大学中文系教授、语文系中国艺术史名誉导师。"山雨欲来风满楼"，内战烽火纷飞，硝烟弥漫，张伯驹坐立不安，看到中国民主同盟会积极呼吁和平，反对内战，自觉应当加入该盟，共同出力，便找到了河南同乡傅铜诉说心思。对此，傅铜颇为赞同。1947 年，张伯驹找到了张东荪、张云川，由二人介绍入盟，很快任北平临时民盟委员会委员。自此，他以民盟委员身份，积极参与反迫害、反内战、反饥饿运动。当北平已被人民解放军包围时，张伯驹与昔日好友邓宝珊、侯少白将军（傅作义高级顾问），在不同场合劝说傅作义要顺应民意，确保北平免于炮火。傅颇尊重他们的意见。1949 年初，北平守军在傅作义的率领下，接受解放军的和平改编，北平宣告和平解放。

不是为了别的，而是怕城里的文物毁于战火。由此又引发出他想到家事的复杂，头绪太多，万一他有个三长两短，他的那两位太太还不闹得天翻地覆。

为了潘素和女儿，他请社会名流陶心如为证人，立下遗嘱，"决意将我与慧素多年来共同收藏的珍贵书画十八件，赠与慧素，外人不得干涉"。这十八件书画是：

晋陆机所作之《平复帖》；

隋展子虔所作之《游春图》；

唐李白所书之《上阳台》；

唐杜牧所书之《张好好诗》；

宋蔡襄书《自书诗》；

宋范仲淹书《道服赞》；

宋黄庭坚书《草书诸上座》；

宋赵佶画《雪江归棹图》；

宋马和之《节南山之什》；

宋杨婕妤《百花图》；

元赵孟頫《篆书千字文》；

……

这些珍宝的确都应该属于潘素所有了。

但是潘素并不是这样想的。她对人世间的许多事情都看得很透彻，除了伯驹对她的真情，不再有其他占有的欲望，别的都是身外之物了。夫妻辗转多日，彼此都知心中的想法，但是谁也不愿意首先点破。最后，还是潘素把那层薄纸点穿了。

"《平复帖》、《游春图》都传了一千多年了，其他的东西也都几百年了，不知被多少人珍玩过，占有过，大概有几千、几万只手拿过它们吧。那些珍藏过它们的人呢？都不在了。只有它们作为历史的见证存传到今天，它们就是历史。你说留给我，万一有了什么不测，前人的心血尽失，后人将又如何评论？你当年倾囊举债把它们买下来，不就是怕流落到国外？如今，目的不是达到了吗？"潘素一口气说了很多，也说得很动情。

伯驹感到周身震撼！

他从来没有听到过潘素是如此讲，而且又讲得那样平淡，一切的意思都包含在里面了。

"我只是担心你和孩子。"伯驹说得很朴实，这是真话。

"唉——"潘素粲然一笑道："我有两只手，可以自食其力。如今是新中国，解放已经七年，天下安宁，四宇和平，你担心我有一天吃不上饭，靠卖画过日子？"潘素毕竟比伯驹年轻许多，所背的传统文化包袱也少，心地开朗多了。

"那，你的意思？"伯驹已经明知夫人的意思，自己不说，还是要她亲口说出来。

"我的意思不是很清楚了？现在，《平复帖》、《游春图》在我们手上，可是十年后、百年后呢？"潘素说。

"有道理。"伯驹听了直点头。

"你不相信共产党会把它们保护得很好？"潘素反激了伯驹一句。

夫妻两人到底也没有说出一个"捐"字，但是最拔尖的国宝从此进了故宫博物院。他们完成了历史使命，卸下了神圣的历史包袱。

历史应该给他们好报。

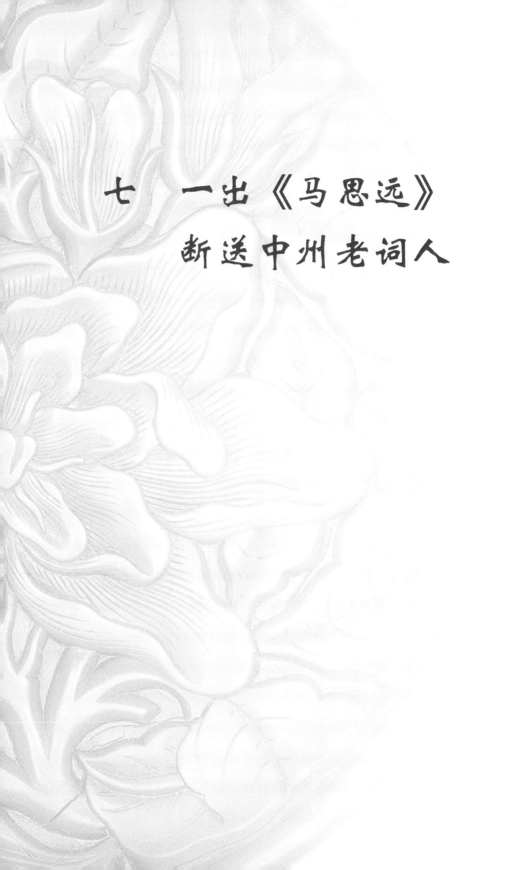

七　一出《马思远》
断送中州老词人

在张伯驹捐献国宝不到一年的时间里，一顶"右派分子"的帽子戴在他头上。

这是由一出戏引起的。

1957年，毛泽东提出"百花齐放"、"百家争鸣"的"双百"方针，给张伯驹鼓了气，他积极投入到文化部组织的传统剧目整理工作。因为许多传统剧目都在禁演中，现在要经过整理，赋以新意，争取登台和观众见面。

为了实现这一计划，这年的4月10日，文化部组织召开了第二届全国戏曲剧目工作会议，文化部副部长刘芝明就贯彻"双百"精神，在开幕式上提出："今后戏曲节目要大胆地放，要放手，还要放心，越放越灿烂，使鲜花更多地出现。"

会议开的时间很长，到4月25日才结束。北京各大报纸都刊登了消息，对文化部副部长钱俊瑞、刘芝明与中宣部副部长周扬在会上的讲话作了报道：

钱俊瑞：现在有许多干部怕"放"。他们认为，怕坏戏多起来，怕艺人闹乱子，怕做不好工作，怕观众受害，这"四怕"是多余的。他要求大家"放！放！放！除四怕！"他说坏戏可以演，大家可以研究并展开讨论，这样它可以成为提高群众辨别能力和认识水平的好题材。

周扬对国内外形势和变化进行了分析。他揭发了戏曲工作中的官僚主义、教条主义和宗派主义，并且作了尖锐批评。在戏曲剧目方面，周扬归纳了十六个字："全面挖掘，分批整理，结合演出，重点加工。"他说，这些工作一定要紧密依靠艺人和群众，坚决反对用行政命令和压服的工作作风。

《文汇报》驻北京记者谢蔚明（图五二）参加了会议，并发

五二 画家黄永玉和《文汇报》记者谢蔚明（右）

回了会议专电，新闻标题是《把剧目'放'的权利交给艺人》，并写了会议侧记，题目是《放就是领导》。在这篇侧记中，介绍了会议对禁演剧目《奇冤报》、《探阴山》能不能开放的争论的情况，并提出"口放手放，手放心放"，批评了口头讲放、实际不放的情况。《文汇报》还发表社论《为剧目"大放手"欢呼》。到5月13日，谢蔚明又从北京发回来通讯，题目是《揭开封条》。这篇通讯介绍了第二届全国戏曲剧目工作会议之后，即开放了《探阴山》，是"第二次剧目工作会议以后揭开的第一道封条"。实际上，戏剧界企盼开放的是《海慧寺》（即《马思远》），大家知道，只要这出戏解禁，就可以救活更多的戏。

谢蔚明在听到这个消息的前两个小时，还去访问著名京剧演员筱翠花（于连泉）："昨天晚上，他还在家排练《海慧寺》，练功的时候不小心闪了腰，扶着手杖和我谈话，说起'大放手'的戏曲剧目方针，非常兴奋。他期待文化部开禁令下，《海慧寺》就要登台。但是，当他知道优先开放的是《探阴山》这一出戏的时候，我想这位老艺人是会有些失望的。"

在这篇《揭开封条》的通讯中，谢蔚明还特地介绍了从1950年7月11日到1952年2月8日，文化部先后禁演的二十四个剧目：京剧《杀子报》、《九更天》、《滑油山》、《奇冤案》、《海慧寺》、《双钉记》、《探阴山》、《大香山》、《关公显圣》、《双沙河》、《铁公鸡》、《活捉三郎》、《大劈棺》、《全部钟馗》；川剧《兰英思兄》；评剧《黄氏女游阴》、《活捉南三复》、《活捉王魁》、《僵尸复仇记》、《因果美报》、《阴魂奇案》、《全部小老妈》；京剧《薛礼征东》和《八月十五杀鞑子》（以上两个剧目规定不得在少数民族地区演出）。

值得注意的是，在这二十四出禁演剧目里，有一部分是没有剧本的，而有的戏早在解放以前就没有人演了。就这一点来说，传统剧目何禁之有？

禁戏之后，戏曲界没戏演了，并流行着这样的话，梅兰芳上台净是"醉"（指醉酒）；李少春上台净是"闹"（指闹天宫）；袁世海刮了四年"黑旋风"；常香玉是"红白花"（指红娘、白蛇传、花木兰）；李再雯（小白玉霜）只唱三出戏。筱翠花几乎辍演，戏曲艺人说："筱翠花倒下来了！"

从"双百"方针的提出到全国戏曲剧目工作会议，张伯驹的确兴奋起来了。在"发扬国粹，保护遗产"的大旗下，他将老人们组织起来，成立了"老艺人演出委员会"，策划每周演出一次，推出老戏《宁武关》、《祥梅寺》。他对老人们说："这两出戏演出来，叫他们看看。"意思很清楚，让观众和官员都长长见识，看看什么样的戏才是艺术。

《宁武关》里有声泪俱下的唱腔，有繁重的武功，有唱念做打的妥帖铺排。不具备相当技术水准的文武老生，是过不了《宁武关》的。而《祥梅寺》则是京剧打基础的武行戏，其中的舞蹈性动作，没有功力的演员也无法登台演出。这个时候的张伯驹满脑子是纯艺术，他根本不去想：这两出戏里的反面角色李自成、黄巢是何等人？是共产党推崇的农民革命领袖，是犯忌的。

在那段时间里，张伯驹最为热心张罗的便是京剧《马思远》。他认为这出戏是筱翠花的看家戏，禁戏开放，使许多老艺人的绝活不会失传。筱翠花演《海慧寺》最具有代表性了。但对第一个撕下封条的是《探阴山》，而不是《海慧寺》，同时接到北京市文化局的电话，说这出戏是文化部明令禁止过的，现在尚未明令解禁，所以暂时不准公开演出，张伯驹有些不甘心。"一沉一浮会有时，弃我翻然如脱履"。君子风度的张伯驹，懂得"一生一死兮如轮"的道理，但他无论如何忍受不了这种"一翻一复兮如掌"的做派。他气极，也怒极，不但要兑现《马思远》，还要跟文化局理论理论。他一方面让京剧丑角王福山等紧急出动，重新约班底，拉配角，租剧场，一方面向官方请愿，给文化部部长沈雁冰写信，陈述"如不公演，将影响艺人情绪"。另外，他托谢蔚明找了几位跑戏曲的记者，在东安市场和平餐厅开座谈会，请大家想想办法如何让筱翠花的《海慧寺》演出。大家商量的结果，可以作为内部演出，先演几场听听意见。这个意见得到文化部的赞同，于是在新侨饭店礼堂进行内部演出。

据谢蔚明回忆："内部公演的那天晚上，文艺界人士都请到了，中央和北京市的邓小平、聂荣臻、彭真等领导人也入座观摩。开幕前，伯驹以晚会组织者的身份站在大幕前致词，讲话内容和记者招待会上讲的差不多。戏开场后，扮演马思远老婆赵玉的筱翠花，在这出戏中完全是个淫荡妇人的形象，杀夫情节又给人恐怖感，从开戏到散场，邓小平等中央领导人始终表情严肃，直至退席。当时我预感到《马思远》正式公演不可能。"

5月19日，《文汇报》刊登了新华社的电讯稿：著名花旦筱翠花昨晚在一个晚会上演出了传统剧目《马思远》。这是文化部14日通过解禁的戏曲剧目之一。

筱翠花和老艺人雷喜福、高富远、王福山、李洪春、于永利合演的《马思远》已有十来年未演出了。筱翠花的花旦，在京剧舞台上独树一帜。他尤其擅长塑造小市民、泼辣风流妇人和初解风情的少女形象。这位时年已五十七岁的名艺人从九岁登台，一直到北京解放初期，四十多年没离开过舞台。解放后由于废止跷工，他有部分戏就不能上演了。后来，文化部明令禁演一批戏，其中好多是他最能叫座的剧目。另外，戏曲改革中的清规戒律，使他感到无戏可演，便解散了自己领导的戏班子，深居简出，功夫也不练了。此时中央提出"百花齐放，百家争鸣"的方针后，北京戏曲界开始发掘和整理传统剧目，筱翠花先后演出了《一匹布》等，很受观众欢迎。

《马思远》不就是一出戏吗？张伯驹完全可以做到，上边让演就演，不让演就不演，没有什么大不了的。他能把价值连城的东西捐出去，却要为几个演员的一出戏叫板较劲。最优秀的人往往是固执的，从这个意义上说，张伯驹是文人中最优秀的，也是最执拗的。

时隔不久，在反右派的狂风暴雨中，《马思远》作为坏戏受到批判，一顶"右派分子"的帽子也随风飞来，落在张伯驹的头上。积极为《马思远》鼓吹的谢蔚明，《北京日报》记者曹尔泗及那位新华社女记者，也都成了右派。谢蔚明还被判刑十年，被送往北大荒劳动教养。

二十年后，伯驹在《红毹纪梦诗注》中记了这件事，他写道：

> 一朝天子一朝臣，舞榭歌台梦已陈。
> 啼笑皆非马思远，中州断送老词人。

诗后有小注云：旧历史一朝天子则有一朝之臣，一艺之兴衰亦如是也，非天不变而道亦不变者。《马思远》为清代戏，余以支持于连泉演出，而受牵误。世换景迁，不应再谈戏曲矣。

给张伯驹戴上右派分子帽子所依据的还不完全是《马思远》，还有他的"右派言论"：

"1956 年 10 月 5 日。中午，在部机关外篮球场，张对秘书处的赵文中说：既然讲了民主党派和共产党要长期共存、互相监督，就要有个互相的样子，不能只走形式，伸手算一票。从法律上，便要有保证。否则，干脆取消，反倒痛痛快快，直截了当。"

"1956 年 11 月 18 日，下午，在机关会议室，讨论现代戏的创作问题。张发言说：文艺不一定都要为政治服务，也可欣赏，陶冶性情。从这一点来说，对社会主义建设也是有好处的。换句话说，炒一盘好菜，能表明政治观点有什么毛病吗？吃好了，吃饱了，工作有精神了，也就是政治了。"

"1956 年 12 月 31 日，在部机关新年茶话会上，张发言说：每逢佳节倍思亲，这是古话了。我有一些朋友去了台湾，应当说，其中也有一些是好人，艰苦朴素、两袖清风。他们只是走错了路，跟错了人，从人品上说，并不是坏人。如果强调阶级性，便把别的都一笔勾销，是不对的。"

"1957 年 4 月，在部举行的整风工作会上，张说：共产党早该清一清了，不能拨拉脑袋算一个，什么人都是共产党。一个字不识的党员，能懂马列主义么？据我看，一百个党员里面，有九十个不懂马列主义。"

"1957 年 6 月，在部机关整风小组会上，张发言说：黄绍竑的话，我看就有几分道理。"

"1957 年 9 月，在整风小组会后，张对我说：丁玲、陈企霞她们那样讲，也是无可厚非。提意见，就有可能对，有可能不对，用心是好的就行。"

"1957 年 10 月 1 日，有人亲眼看见，张同黄绍竑在一起，谈了足有一个小时。黄是极右分子，旧官僚，曾经任国民党政府的内政部长，监察院副院长，同张很谈得来。"

从这个材料上可以看出，对张伯驹的注意在反右派开始之前就开始了。

据说，这个材料曾到康生手里，是康生在上面批了"极右"两个字。还有一说，张伯驹捐献十多件国宝，康生看后极为恼火，他认为张伯驹"玩"了他，这么多晋唐名迹不给看，只给看几件明清的东西，这不是明显地对自己的蔑视吗？此说的真实性如何，不得而知。

批判的时候，张伯驹还说："我把这样多书画捐给国家，你们这样做，怕对共产党的影响不好吧。"

这应该是他真实的想法：像他这样的人都成了右派，外界会对共产党有什么样的看法呢，他觉得共产党威信应该得到维护。

接着，又是更严厉的批判："你的财产本来就是官僚资本，是早就该没收为国有的。"

在批判会上，批判他挖掘整理的《宁武关》《祥梅寺》，无一不是站在封建王朝的立场上，歪曲伟大的农民起义。

张伯驹不服，反倒质问批判者："我们今天不是也讲忠吗？那么我们统战是统战周遇吉呢？还是统战开城迎李自成的太监呢？"霎时间，群情激奋，引来了更凶猛的批判。

张伯驹的发言权被剥夺了。那些京剧界的老艺人被人用来当枪使，披甲上阵，对张伯驹穷追猛批，还挖苦和嘲讽，进行人格的侮辱。有的说："你算什么名票，唱戏的声音像蚊子叫！"只有著名京剧演员荀慧生勇敢地跑上去安慰他。

张伯驹成为右派的消息传到陈毅那里，陈毅很不高兴，他说："乱弹琴，张伯驹把那样的珍宝捐给国家，就是砍了我的脑壳，也不会相信他反党、反社会主义！"但陈毅挡不住那股风。

在张伯驹划成右派后，章伯钧也被划成右派。章伯钧送其女章诒和到张伯驹那里跟潘素学画，两家遂成生死之交。

1963年，章诒和从中央戏曲学校毕业后，被分配到四川，"文化大革命"中被打成现行反革命，判刑二十年。在狱中，她听到父亲章伯钧被迫害致死的消息。章诒和被释放后，穿着狱衣回到北京，在狱中出生的女儿已不敢和她相认。

回到北京后,章诒和又恢复和张伯驹往来,撰写了《君子之交》一文,刊载在山东画报社出版的《老照片》上,文中有这样一段记载:

> 一次,原来的交通部长章伯钧成为右派之后,和张伯驹相遇,有些不解地问道:"我很不理解的是,为什么你捐了那样多有价值的文物,居然在政治上没有起作用?"

> 张伯驹摆摆手,打断了章伯钧的话头:"章先生,你不必向我讲这些话。你是个懂政治的人,都成了右派,那么我这个不懂政治的人划成右派,也就不足为怪。再说,右派的帽子对你可能是要紧的,因为你以政治为业;这顶帽子对我并不怎么要紧,我是散淡之人,生活是琴棋书画。共产党用我,我是这样;共产党不用我,我也是这样。"

章伯钧听罢翘起大拇指,赞道:"张先生,真公子也!"

张伯驹的一席话使章诒和产生了无限的感慨,她说:"那时到我家做客的,已多为同类。无论是博学雄辩的罗隆基,还是北伐名将黄琪翔,只要提及自己的'划右',不是愤愤不平,就是泪流满面。没有一个像张伯驹这样泰然、淡然和超然的。社会主义政治课教给我们对待挫折的一句豪迈话语是:'跌倒了,算什么。爬起来,再前进。'可跌倒了的张伯驹,怎么给人的感觉好像没跌倒,所以张伯驹不必'爬起来',而我父亲、罗隆基、黄琪翔,就要'爬起来',他们自己也想'爬起来'"。

八 报知遇之恩：
再捐《百花图》

1961 年。

几年梦一般的生活，悠悠过去了，张伯驹变成了"摘帽右派"。

一天，张伯驹接到一封信，是从吉林来的。信的内容是：

> 伯驹先生并慧素女士：
>
> 吉林地处东北腹地，物阜民丰，百业待举。现省博物馆急需要有经验的人才。若伯驹先生身体允许，可否考虑来吉林工作。
>
> 翘盼赐复。
>
> 又：慧素女士可一同调来吉林，在省艺术专科学校任职。

信的落款是"中共吉林省宣传部 宋振庭"。

宋振庭是谁？他们的朋友中没有这个人。他又是怎样知道张伯驹的？

宋振庭是陈毅的部下，是当年新四军的红小鬼，聪明好学，黾勉求进，颇通文墨，所以当上了宣传部长。陈毅觉得，张伯驹已经被开除公职，生活无着，更重要的是他感到张伯驹是有用之才，但他在北京无法为张伯驹安排。张伯驹的处境，陈老总时刻挂在心头。1960 年，陈毅元帅的老朋友、吉林省委书记于毅夫赴京开会，两人见了面。陈毅在和于毅夫的交谈中谈起了张伯驹。他说："我有一个好朋友，叫张伯驹，目前境遇不太好，吉林省能否给安排一下工作？"于毅夫当即答应下来。于毅夫回省后，与省委宣传部长宋振庭谈及此事，并嘱他安排一下。当时，吉林正求贤若渴，并立刻行动。这才有上面的一封信。

但是，张伯驹不知道这是陈毅的安排。来信虽然诚恳热情，但张伯驹则是顾虑重重，人家虽然把自己当做有用之才，而自己毕竟是"右派分子"，即使摘了帽，也还是在另一类之中。如果不向宋先生言明这件事，到了那里势必会出现一种难堪的局面。

张伯驹给宋振庭回了一封信：

> 宋先生振庭足下台鉴：
>
> 捧读来书，不胜惶恐。我因齿落唇钝，多有舛错，名列右派，实非所志。若能为国家工作，赎过万一，自荣幸万分，若有不便，亦盼函告。
>
> 张伯驹

信寄出去几天，又接到宋振庭的来信：

> 伯驹先生并慧素女士：
>
> 关于聘请二位来吉林任职事，已经有关部门批复。若无不妥，希能尽速来吉。一应调转手续，以后再办。
>
> 中共吉林省委宣传部　宋振庭

来信并没有提他是右派的事，担心的事也就放下了。他心想吉林省委宣传部既然作出这样的决定，显然对他的一切都是了解的，自己也不需要有过多的顾虑了，于是回信决定去吉林任职。

东西很快收拾妥当，这时，吉林省委派来的两个同志也到了，协助他们托运行李，并为他们办好调动手续，连户口也迁走了。

临行前，张伯驹觉得应该向陈毅辞行。自从被打成右派，几年也没有和陈毅联系过。陈毅虽然善待自己，但毕竟是共产党的高级干部，自己是右派，是阶下囚，如果贸然去辞行，会不会被人嫌弃，而自己也落下一块心病来。他叫潘素打个电话给张茜，看陈毅有没有时间，也算是作一番试探。

陈毅在家设了便宴为张伯驹送行。

饭前，他把自己被打成右派的事向陈毅说了。即使像张伯驹这样的人，戴了几年右派帽子，心态也变了，也真的感到自己做了对不起人民、对不起共产党的事。在这位共产党人朋友面前，是真心实意地说出了自己的感受。对此，陈毅什么话也没说。其实，他什么话也不好说，既不愿意接受张伯驹的检讨，又不能说他打成右派错了。

谈到去吉林的事，还是潘素直截了当地问了："陈毅同志，这位宋振庭先生，你知道是怎样的人吗？他怎么会请我去那里工作？"

陈毅莞尔一笑："他请你们，你们就去嘛。普天之下，好人总是多数。你们到了那里，就会对他有所了解。"

张伯驹问："这位宋先生是不是仲弘先生的老关系？"

陈毅哈哈一笑说："东北我没呆过。不过，我很佩服宋振庭这家伙，他也真会趁火打劫，浑水摸鱼啊，这叫慧眼寻人。"陈毅又反问一句："你们东北有什么朋友吗？"

张伯驹说："想了几天，没有这样的朋友啊。"

"可能是你没有想起来。"陈毅哈哈一笑，又说："张作霖、张学良不都是东北人吗？你在东北是会有些故交的。"

饭后谈了一阵，张伯驹起身告辞。

陈毅从柜子中取出了一卷用牛皮纸包好的卷轴，双手送到张伯驹手上，说："这点小礼物，算个纪念吧。你们到吉林后，安顿好了，再打开。另外，见了宋振庭同志，代我和张茜向他们夫妇问好，就说我很感谢他们。"

张伯驹接过纸包，嗓子发堵，说不出一句感谢的话来。

"到了那里，别把老朋友忘了，有什么新作寄来，让我也享受一番，可不要把你的那支笔丢了。"陈毅也带着惜别之情，和张伯驹握手。

握别陈毅之后第三天，张伯驹夫妇便乘火车到长春去了。

到了长春，刚放下行李，就有一个大个子来看他了。

"我是宋振庭。"他也是哈哈地笑着伸出了手，轻松地说："我们好像认识很久了，对不对？"然后把身边身材娇小的妇女介绍给张伯驹："她叫宫敏章，我爱人，叫她小宫就行了。"

寒暄了一阵之后，宋振庭就把张伯驹接到家里吃饭去了。以家庭便宴接风，使张伯驹倍感亲切。

酒过数巡，宋振庭说："省里决定，就由你来担任省博物馆第一副馆长。省里没有这方面的人才，就不准备设正馆长了。明天，让小华带你去看看，在西安大路，不算远，是过去的老底子，二层楼。"

张伯驹只是点点头。他几次想问宋振庭，他是怎样知道他们的。可是话到嘴边，又都咽了回去。

宋振庭说："长春是满洲国伪宫所在地，博物馆原来就是溥仪的宫殿。这十多年来，好东西虽然被人买走不少，但散在民间的东西还不少，过去缺少鉴定人才，收购工作也没有开展，张先生来了，我们首先把征购工作开展起来。"

一谈起书画收购，张伯驹就提起精神，说："收不到大名头的，就收些小名头的，近年间的作品也可以收些。"

宋振庭说："对，人弃我取。人家不重视的，我们收。吴昌硕、陈衡恪、高剑父、齐白石、张大千、溥心畬，我们都可以收些。"

张伯驹连连点头，感到宋振庭在这方面确实有些修养。

张伯驹住的地方离宋振庭的家不远，是个小院子，三间北房，一间当卧室，一间待客，一间是书房。另外，还有厨房和堆杂物的地方。同北京自家的房子比似乎是小了一些，可宋振庭是宣传部长，和他住的是同样的房子。他们回到房中，一切都布置得有条有理，不必他们再操心什么。小华和宫大姐帮助他们打开行李，安放好东西，已经是半夜时分了。

在长春几天的生活，一切都安定了，他们这才从箱子中拿出陈毅送的那卷东西。陈毅说，要他们到长春后，安顿好了再打开。潘素好奇，早已忍不住了。

潘素小心地拆开粘得很紧的封套，里面是一幅裱得很好的立轴。她搬了凳子，将立轴挂了起来，是一首《冬夜杂咏》：

　　大雪压青松，青松挺且直。

　　要知松高洁，待到雪化时。

　　　　　　　　　　　书赠伯驹夫妇

　　　　　　仲弘　一九六一年冬又题

五三　1962 年，张伯驹（立者）在吉林省博物馆学术年会上
　　　作首场学术报告

五四　1962 年，张伯驹任吉林省博物馆副馆长时，博物馆（今
　　　吉林博物院）外景

两人肃立着，相对无言。他们一下子全明白了：陈毅早就知道他们要到吉林来，这一切都是他安排的，一股暖流在他们周身流动着（图五三～六五）。

经过数月的整理，博物馆总算有了个头绪。

一天，宋振庭来了。

"怎么样，藏品都看了一遍？"

"粗粗看了一遍，整理的工程还很大，藏品良莠不一，精品虽有几件，还是很不够，不少书画需要修补。"

"你的报告我看了。你是说当务之急，有一件董其昌的《昼锦堂记》，应该马上买下来。"

张伯驹说："东西在公主岭，我看了，高头大卷，绢素如新，自书引首，并行书《昼锦堂记》全文，是董其昌的代表作。对方要几块进口手表交换。我去了公主岭两趟，商量的结果，他们同意四千元出让。"

宋振庭说："好，那就买下来吧。"

这是张伯驹为吉林省博物馆收藏购得的第一件藏品。以后又陆续地收购了一批扇面，虽说都是小件，但可以形成明清扇面专题收藏，也是博物馆的特色。如同对待自己的收藏一样，张伯驹很注意吉林省博物馆藏品的个性和特色。

一天，宋振庭又来了，将一个卷轴递给张伯驹，说："我带了一件古画来，请你看一看，是不是好东西。"

张伯驹打开一看，有些惊讶，说："《归庄图》，是何澄的精品。"

宋振庭："何澄？"

"是何澄的画。他是金末元初的大画家。他是由金入元，出任画院的领袖，当时很有影响。我搞这么多年的收藏，也很少看到他的东西。"

"和董其昌那件相比如何？"

"应该更珍贵一些。董氏传世作品较多，年代也比何氏晚些。此外，从少数民族这点上，这件东西参考的意义更大些。"

五五 1965 年，楼宇栋、张传綵夫妇携子楼朋文赴长春探望
父母，与张伯驹共游长春胜利公园后留影
五六 20 世纪 60 年代，张伯驹、潘素夫妇在长春参观果园后
留影

五七　20世纪60年代，张伯驹游历古城辑安（今吉林集安），
　　　在四盔坟前留影，并作《高阳台·辑安怀古》词。词曰："鸭
　　　绿西流，鸡儿南注，四围水复山环。形胜九都，升平
　　　士女喧填。刀兵一挥繁华梦，看金瓯、倏化云烟。但
　　　荒凉、万冢累累，残照斜川。　如今换了人间事，听
　　　隔江笑语，共话丰年。到此渔郎，又疑误入桃源。当
　　　时应悔毋丘俭，甚功成、勒石燕然。算空赢、鸟尽弓藏，
　　　何处长眠。"
五八　20世纪60年代，张伯驹在长春留影

五九　1965 年 4 月，张伯驹在北海赏花

六〇　张伯驹致王世襄信札。传世名琴"松风清节"有雷霄
　　　监制款，曾为王世襄藏琴之一。购琴时，店主言明琴
　　　价不得低于四百美金，惜该时无此款项，只得请经手
　　　人将琴取回。在试琴之前，故宫博物院已决定派王世
　　　襄接受美国洛氏基金奖学金赴美国、加拿大两地参观
　　　学习一年，于 1948 年 6 月成行。行前，王世襄在家
　　　找到其父所遗外国银行三百四十余美金存单一纸。在
　　　美通过友人，存单中的美金竟兑现了。最后，古琴以
　　　三百美元、佣金三十美元入藏王家。20 世纪 60 年代初，
　　　经张伯驹介绍，"松风清节"古琴入藏吉林省博物馆，
　　　并被定为一级品。若干年后，王世襄不经意间在发还
　　　抄家时运走的旧纸捆中，发现此封张伯驹当年为"松
　　　风清节"琴事的来信

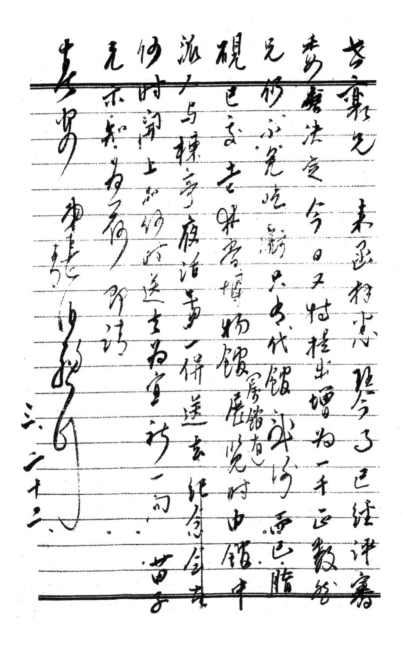

六一　薛素素脂砚。此砚原为端方旧藏，与《红楼梦》佳本随身入川。端方死后，其流落于蜀人藏砚家方氏手中，但《红楼梦》佳本已不知所在。1963年，张伯驹正在吉林省博物馆主持工作，蜀友戴亮吉持砚示伯驹，伯驹当即以重金收归吉林省博物馆。藏砚珊瑚红漆盒，制作十分精致。盒底小楷书款"万历癸酉姑苏吴万有造"。盒上盖内刻细暗花纹薛素素像，凭阑立帏前。右上篆"红颜素心"四字，左下"杜陵内史"小方印，为仇十洲之女仇珠所画。砚质甚细，周边镶柳枝，旧脂犹存。背刻王稚登行草五绝："调砚浮清影，嘴毫玉露滋。芳心在一点，余润拂兰芝。"后题："素卿脂砚王稚登题"。按万历癸酉，百谷年三十九岁。砚下边刻隶书小字："脂砚斋所珍之砚其永保"十字，依此可知脂砚斋命名之所由。对于脂砚斋说法不一，或谓应是曹雪芹族叔，或谓雪芹之堂兄弟，或谓即雪芹本人，也有谓为史湘云

六二　20世纪60年代，张伯驹（右三）与童第周（右二）、于省吾（右一）等合影。

六三　1969年冬，张伯驹夫妇被逼退职，遣送到当时的吉林省
　　　舒兰县朝阳公社改造。起因是当张伯驹听到陈毅元帅也被
　　　当作走资派横遭批斗，气愤至极，怒不可遏地写了一阕《金
　　　缕曲》："坐劫何能躲，奈升沉、纷纭此世，其中有我。但
　　　便淤泥莲不染，微笑点头也可。举目尽、烦烦琐琐。覆雨
　　　翻云成与败，在旁观、只是乡人傩。论功罪，互因果。

　　　　池鱼殃及城门见，更娥姤、牝雄钟室，居心巨测。富贵
　　　岂堪安乐共，未许客星犯座。宁披发、佯狂衽左。换骨脱
　　　胎非易事，算蜾蠃、终竟难成蜾。且争看，一刹那。"

"一万块，怎么样？"

"行。"

"两万呢？"

"也值得一拼。"

"三万呢？"

张伯驹长长地出了口气，说："按理说，这种东西是无价的。一下子拿不出这样多的钱来。这画是谁的，我和他商量商量。"

宋振庭："不用商量，这画是我收藏的。"

张伯驹愕然："噢，那就是另一回事了。"

宋振庭会心地一笑，说："如果把这幅捐给你们博物馆，你给我什么报酬。"

张伯驹是悟性绝高的人，马上说："那，我也捐一件，保证不比你这一件差。"

宋振庭狡猾地一笑，说："真的？"

"我捐杨婕妤的，一言为定。"

宋振庭知道沈周、唐寅、八大、石涛，对杨婕妤他是陌生的，说："杨婕妤？你可别糊弄我这个大老粗。"

张伯驹："杨婕妤是南宋画家，我捐的就是她画的百花图。"

"那就这么说定了，一对一。"

"君子一言。"

按张伯驹《宋杨婕妤百花图卷》一文所记："戊戌岁，宝古斋于东北收得此卷，故宫博物院未购留，余遂收之。余所藏晋唐宋元名迹尽归公家，此卷欲自怡，以娱老景。余《瑞鹧鸪》词结句'白头赢得对杨花'即指此卷也。复欲丐善治印者为治一印，文曰'杨花馆'。会吉林省博物馆编印藏画集，而内无宋画，因让与之，此印亦不复更治矣。"

作者所说此卷得于"戊戌岁"，恐怕有误，戊戌岁是 1958 年，此时张伯驹已经戴上"右派分子"的帽子，似乎没有购藏的闲情了。再一证明他在捐献晋唐宋元名迹时，此卷已经在手，因为"此卷欲自怡，以娱老景"，所以没有捐献。他捐献是在 1956 年。推

六四　1980 年，潘素、宋振庭合绘《黄菊花开蟹正肥》，张伯
　　　驹题款
六五　1980 年 4 月，张伯驹夫妇与宋振庭（右）同赴北京西
　　　郊颐和园赏花

测"戊戌岁"可能是"戊子岁",即1948年之误。

　　晋唐宋元诸多名迹都捐献了,张伯驹何以独珍此卷而没有捐献,而是留着"以娱老景"?张伯驹在《春游琐谈·宋杨婕妤百花图卷》一文中有记云:

　　　　素绢本,着色,画无款,凡十七段。每段楷书标花名,并纪年、诗句于上。总识"今上御制中殿生辰诗",下注云四月八日。第一段题寿春花,下注己亥庚戌,诗云:"上苑风和日暖时,奇葩色染碧玻璃。玉容不老春常在,岁岁花前醉寿卮。""一样风流三样妆,偏于永日逞芬芳。仙姿不与群花并,只向坤宁荐寿觞"。第二段题长春花,下注庚子甲辰乙未,诗云:"花神底事脸潮霞,曾服东皇九转砂。颜色四时长不老,蓬莱风景属仙家。""精神天赋逞娇妍,染得轻红近日边。羡此奇葩长艳丽,仙家风景不论年"。又诗云:"丹砂经九转,芳蕊占长春。"第三段题荷花,下注辛丑癸卯丁未,诗云:"试问如何庆可延,请君来看锦池莲。呈祥只在花心见,玉叶金枝亿万年。""休论玉井藕如船,叶底巢龟如小年。自是生从无量佛,言言万岁祀尧天"。第四段题西施莲,下注丁未,诗云:"昔年曾听祖师禅,染得灵根洒洒然。瑞相有时青碧色,信知移种自西天。"第五段题兰,下注壬寅,诗云:"光风绣阁梦初酣,天使携来蕊半含。自是国香堪服媚,便同瑞草应宜男。"第六段题望仙花,下注乙巳,诗云:"珍丛移种自蓬莱,细缀繁英满意开。注目霓旌翻昼永,尚疑星鹤领春来。"第七段题蜀葵,下注丙午,诗云:"花神呈秀群芳右,朱炜储祥变叶新。随佛下生来上苑,如丹九转镇千春。"第八段题黄蜀葵,下注己酉,诗云:"袖里黄中推正色,叶繁芘足荫青阴。医经屡取为方妙,昼景唯倾向日心。"第九段题胡蜀葵,下注辛亥,诗云:"蜀江濯锦一庭深,谁植芳根傍绿阴。有似在廷臣子志,精忠不改向阳心。"

第十段题阇提花，下注戊申，诗云："阇提花号出金仙，似雪飘香遍释天。偏向月阶呈瑞彩，的知来自玉皇前。"第十一段题玉李花，下注乙卯，诗云："仙观名花剪素琼，仙娥曾御宝车轻。揭来月苑陪青桂，共折芳蕤捣玉英。"第十二段画槐，无题字，上注壬子，诗云："虬龙展翠舞宫槐，青翼凌云羽扇开。侍辇九嫔趋玉殿，坤仪随佛下生来。"第十三段画三星在天，无题字，上注癸丑，诗云："祥光椒闱曜朱躔，初渡南薰入舜弦。环佩锵锵端内则，与天齐寿万斯年。"第十四段画旭日初升，无题字，上注丙辰，诗云："楼台日转排仙仗，汉岳云开拥寿山。"第十五段画桃实、荷花，无题字，上注丁巳，诗云："莲花开十丈，桃熟岁三千。"第十六段画海水，无题字，上注戊午，诗云："垂祥纷可录，俾寿浩无涯。"第十七段画瑞芝，无题字，上注庚申，诗云："千叶芝呈瑞，三河玉效珍。"后明三城王跋语云："右《百花图》一卷，乃杨婕妤画也。"

1962年，以张珩（葱玉）、谢稚柳、刘九庵组成的三人鉴定小组，北行鉴定中国古代书画，先至哈尔滨鉴定黑龙江省博物馆书画。张葱玉、谢稚柳都是张伯驹的老朋友，第二站就是长春，鉴定吉林省博物馆书画。临行之前，谢稚柳给张伯驹去了一封信，说明不久即有秉烛相谈之欢。

伯驹听到稚柳即将到长春，随写了一首诗寄稚柳，作为应答，诗云："边荒万里看名山，暂得忙中数日闲。忽有飞笺天外至，故人新自到长安。"

张葱玉一行到了长春，大家相见，感叹唏嘘。但朋友相聚总是快乐的，谈诗论画，煮酒聊天，别有一番快乐。张伯驹爱画如命，自己虽然是大收藏家，一生不知见过多少名作佳绘，但他仍然是不薄古人爱今人，特别是老朋友的画，更是百看不厌（图六六）。稚柳为伯驹画了一幅荷花，题写着"荷静纳凉时"。伯驹看了，高兴地说："稚柳啊，长春是避暑胜地，有了这幅画，那就真的

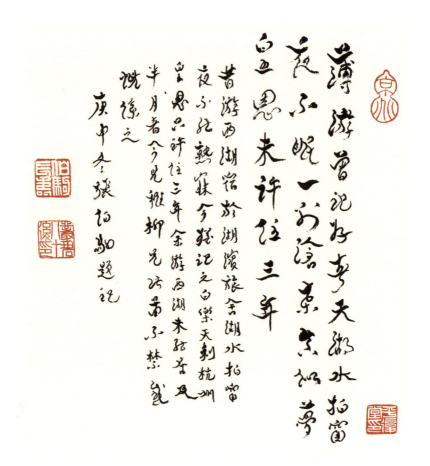

六六　1980 年冬，张伯驹为谢稚柳《西湖小景》题记

变成避暑胜地了。"

　　鉴定小组鉴定吉林省博物馆的收藏，已经初具规模，张葱玉说："张伯公，你来这儿卓有成就啊！"稚柳看了，除了杨婕好的《百花图》，还有几件元明清的精品。

　　对张伯驹的收藏，谢稚柳大部分是看到过的，有些精品记忆犹新，他悄悄问张伯驹："伯驹，你的收藏捐得差不多了吧。"张伯驹说："以报知遇之恩吧。"

九　北京人说：

"他是国宝！"

1971年春天，在地下室被关了两年的张伯驹被放了出来。

作为牛鬼蛇神，放出来也要去报到啊。他去找原来关他的那个造反派的组织。他们告诉他，关他的那个造反派组织早已被取缔了。他又要找那个造反派组织的"司令"，人们又告诉他，那个"司令"也被抓起来了。有人说现在是革委会在当家，到那里去报到吧。他到革委会，都是几位青年人，似乎不大知道他，或者说把他给忘了。革委会的人叫他回家歇着，改天再来报到吧。

他回到家，潘素已经在等着他了。曾经沧海，死而复生，也谈不上什么激动。

"我知道你关在七号，可是，我不敢叫你，怕你担心。"潘素说。

"你也给关起来了？"伯驹感到吃惊。

"我关在三号，和你只隔三个房间。"潘素说。

傍晚的时候，宋振庭夫妇来了。潘素已经收拾好房间，并生上了炉子。时间尚在早春，天还有点阴寒。屋里有了火，马上便是另一番劲头了。这时，宋振庭已经"解放"，等待分配工作，目前先帮助做些杂务。

屋子里虽然充满春意，但他们的心情却没有温暖的感觉。

"你回来了，过几天还是要下去。"宋振庭说。

"到哪里去？"张伯驹如同雷击了一样，刚刚得到的一点暖意全跑光了。

"去农村插队落户。"宋振庭说。

这时，正是林彪的"一号动员令"下达，说是要备战，人口要疏散，好多人要疏散到乡下去。就这样，张伯驹夫妇又被下放到农村去了。

他们这批共三十多人。各大队的党支部书记、贫下中农代表在公社争论了一天，才确定每个村该分的人数。张伯驹两口子岁数是最大的，谁也不愿意要，推来推去，最后是那个叫高思庆的党支部书记将他们收留下来。

张伯驹的住处也是高思庆安排的，村里的人都不愿意接受，用老乡的话来说，是已经老得"只剩下一堆渣儿"了，谁都怕死在自己家里，沾一身晦气。最后，是在一个五保户的偏院，给他们安排了一间小土房。

到村里第三天，张伯驹夫妇和老人、小孩去"踩格子"。东北谷子种得多，土地又是深翻的，谷苗长到两三寸高的时候，一定要踩上一两遍，否则根本就顶不出苗来。四个人一组，沿着垄台往前走就是了，看上去倒是轻活，没有什么技术。

初开始，觉得没什么，可是走了两垄，伯驹便觉得吃力。他咬着牙，一步一步往前挨，好容易踩了一个上午。

下午还要去，伯驹找了一根棍子挂着。有棍的帮助，他感到不像上午那样吃力了。回忆这段生活，他还有些自豪地说："那天下午，我踩了六垄。"

渐渐地适应了"踩格子"，吃水成了最大的问题。村子里的井离家远，一担水七八十斤，他们怎么担得了？夜深人静，潘素就一盆一盆往回端。此时，她毕竟是快六十岁的人了。

高思庆知道这个情况，就对他们说："以后，地里的活，你们量力而行，能干就干一点，累了就别干，没人会找你们的。"

一天，高思庆又到他们的小屋里来了。脸上还是冷冰冰的，没有什么表情。

"你们在北京有个家？"他问得有些生硬。

"是的，有个家。"潘素说。

"有人吗？"

"女儿在西安，有时回去住。"

高思庆愣了一刻，说："今天，你们去北京吧。"

张伯驹吃了一惊，不知发生什么事，张口说不出话来。

高思庆又说："把东西收拾一下，一会儿有车去火车站，赶晚班火车。"

"能问一下吗，我们为什么去北京？"潘素大着胆子问。

"在这里，冬天会把你们冻死！"高思庆走了几步，又折回来说了一句："有人问，就说是回北京看病的。"

两天后，张伯驹夫妇回到北京。还是那个小院，只是房子被四户人家占去了好几间，只剩下两间给老两口住。

在这个地方，张伯驹的"右派分子"是出了名的。他们到北京没几天，居委会的人就来了，问了一大串问题："谁批准你们回北京的？""有户口嘛？""有没有证明？""看病的，什么病？""组织上批准，有证明吗？"后来，民警也来找麻烦，比居委会的老大妈更凶。张伯驹纵然是历经几个时代，但对这些市井小人却无可奈何。他找到旧交章士钊先生，请求在中央文史研究馆馆内找一个求一口饭的馆员职位，以解燃眉之急。章为此致函周总理，提议聘张伯驹为中央文史研究馆馆员。

张伯驹给陈毅写了信，信中说："遇市井小人，恶言相加，立眉横目，不可一世，威风凛凛，詈言咄咄，教人实难苟活。"

张茜回了信，说陈毅因癌症入院，且已到了晚期。

张伯驹黯然神伤。

1972 年 1 月 10 日，京西八宝山革命公墓，陈毅的追悼会即将举行。

休息室里，人们纷纷来看望张茜，安慰她，要她节哀。这时，忽然有人叫了起来："毛主席来了！"

毛泽东来了，来参加陈毅同志追悼会。

天很冷，毛泽东穿着一件呢料大衣，下身穿了一件薄毛裤。领口可见里面还套着睡衣，显然是匆匆而来。

毛泽东是 1 月 8 日在签发中央送审的关于陈毅追悼会规格、悼词的文件时，才知道陈毅逝世的消息。关于追悼会，本来只是按军队元老去世的规格安排的，除了总理，主席和政治局委员都不参加。毛泽东看完报告，将悼词中"有功有过"四个字画掉后，便签发了。

"主席，你怎么来了！"一见主席，张茜便哽咽地问。

毛泽东落泪了："我也来悼念陈毅同志啊，陈毅同志是一个好同志，是个好人！"

陈毅的几个孩子肃立在张茜身旁，主席一一问了他们的名字，感慨万千地说道："陈毅对中国革命和世界革命做过贡献，立过大功劳的，这已经做了结论。"

追悼会开过之后，毛泽东在灵堂里缓缓地走了一圈，看那些送花圈的名字，看那些挽联。

在一幅挽联前，他立定了，慢慢念道：

> 仗剑从云作干城，忠心不易。军声在淮海，遗爱在江南，万庶尽衔哀。回望大好河山，永离赤县。
>
> 挥戈挽日接樽俎，豪气犹存。无愧于平生，有功于天下，九泉应含笑。伫看重新世界，遍树红旗。

好出色的文笔啊，一片真情流露，对仗工稳，死者功绩的评价，丝丝入扣，成一时之绝唱，只有陈老总能承当此殊荣，也唯有张氏的才华，方能在那种境遇中，借此情景，迸发出灿烂的火花，双美与俱，堪称艺坛佳话。

"这个张伯驹是什么人？"毛泽东问身边的周恩来。

"一位民主人士，是陈毅同志生前的好友。"周恩来答道。

"他向我讲过。"毛泽东点点头又问："他现在在什么地方？"

"在北京。"周恩来说着，把张茜叫了过去，说："主席问张伯驹先生呢。"

张茜对主席说："张先生从东北回到北京，一无户口，二无工作，陈毅活着的时候很牵挂。"

"像张伯驹这样的人，可以安排到中央文史研究馆去。"他又对周恩来连说："快办，快办。"

追悼会后，周恩来马上责成童小鹏，对张伯驹的事进行了具体安排。

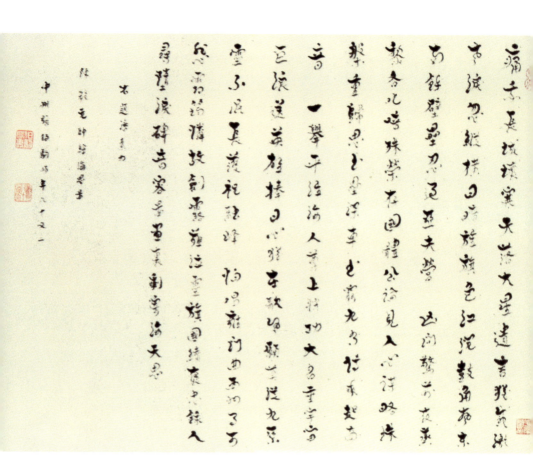

张伯驹进了中央文史研究馆，每月生活津贴八十八元。

后来，周恩来到这里视察工作，还特意问起张伯驹的生活及健康状况。

张伯驹挽陈毅的挽联，在当时是不胫而走，以手抄本传遍京沪间。郑重看到的就是谢稚柳的手抄本。后来，郑重到了北京，在于光远处遇到京剧名角李少春，他向郑重述及张氏写挽联的情况：这幅挽联是张氏的急就之作。当时张伯驹家徒四壁，挽联拟就之后，没有纸，没有墨，李少春跑到一个单位，拿来写大字报的纸和墨汁，在一张小桌子上书写，墨迹未干，就送往追悼会悬挂起来。

六七 潘素绘《海思图》，张伯驹题悼诗四首

其后，为纪念陈毅，又由夫人潘素画青绿山水《海思图》，伯驹题悼诗于其画上（图六七～七五）。首尾两首诗云：

痛我长城坏，寒天落大星。
遗言犹感激，老泪忽纵横。
日暗旌旗色，江沉鼓角声。
东南余壁垒，忍过亚夫营。

怕听雍门曲，西州事可悲。
霜筠怜故箭，露薤泣灵旗。

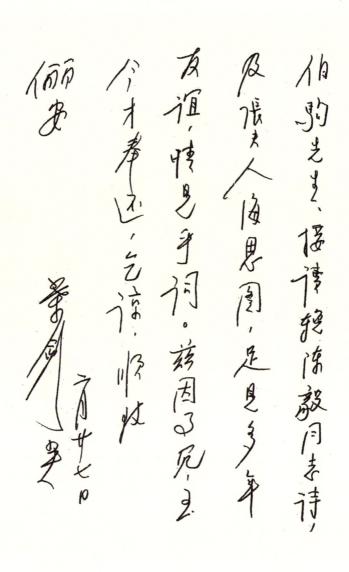

伯驹先生、接读经陈毅同志诗，

及张夫人俪思图，足见多年

友谊情见乎词。兹因子见去

今才奉达。乞谅。顺祝

俪安

叶剑英　六廿七日

六八　叶剑英致张伯驹信札

六九　20世纪70年代，张伯驹在北京后海南沿宅前留影

乙卯夏見陳半丁畫家為蕙蘭女士寫菊絕妙余甚記念之
白陽憒霜信菊華擬故人臨山雲為曾傳而真情辰其為善橫
遂余擬仿之而不能乃此乃其二也 栽梅記

玉凡今已香 清河舫尚新
登高辭望眼 良會憶前塵
半丁老人與蕙蘭大妹所
居衡宇相望一日詒蕙蘭云
吾將作一畫為贈乃為畫菊
花眼之蕙蘭詩伯屬以此畫
題詩卷上次伯駒以此畫屬
題印賦一絕記其顛末
乙卯重陽許姬傳氏於
叢碧齋時年七十又

半丁畫菊用筆敷色
莆功似栽志靈古雅印華
用味和而畫無傖別趣
束枚印歸道山處危絕
華姬傳弄題

昔為人情余為妓
菊卿者作聯詒余為聯云竹刊九日秋雲
遠來就菊吹毅一池春水底干卿聯名演員余妹岩亡之今
人與聯已不知何生矣乙卯秋情寓菊附記中州栽梅石
邪遠謂余此幅寓半丁太會畫手熟余不會畫手生乃別

人與靈利御菊閒隨逸花風霜兩俱
瘦了辭燒陶家
乙卯秋承壹畫於北京

諸与話於霸天花骨高孔山三百樹繁
甚分入轎辮
乙卯秋承壹畫於北京

白陽山生惠山邪之影詞人心白頤臍與壽崗寫秋菊一時為
墨泉風流媾
陽憒菊日葒筆華石飛羅枝畫酉博壽陸瑑瑑
一個兩栽此旦丁謂余畫為菊附爾卿小此陳題
吟萬河如
乙卯冬立東黃選宇

玉城書齋乙冬梅菊迺
膌桃九秋閒三中心也
誦味迎眼秋菊風流矣
庚 甲卯初是長兴吳之姬處
未篁氏心也 邪違 建再題

七〇　1975 年夏，张伯驹见陈半丁老画家为慧兰女士写菊，甚
　　　佳，便题诗其上。不觉一时技痒，亦画菊一幅，有许姬传、
　　　黄苏宇、萧劳、夏承焘、徐邦达题记

七一　1976 年，老少词友雅聚香山农舍。前排左起依次为钟敬文、
　　　夏承焘、张伯驹、萧钟美、吴闻、陈秋帆（钟敬文夫人）、
　　　后排为吴柏森（左一）、李今（左二）、周笃文（左三）、
　　　周汝昌（左四）、李秀山（左六）等

七二　1976年冬，北京花肆无水仙可买，周采泉自杭州寄京两头。1977年元旦花放，元宵适逢张伯驹夫人生日，花盛开，一茎十朵，而采泉词亦到，欣喜之余，张伯驹即和采泉词家韵，作《金缕曲》一阕。词曰："齐著东风力，看盈盈、汉皋环珮，凌波北适。学赋洛神才不敌，欲觅飞鸿无迹。等一样梅妻丰格。正是月圆花也放，下瑶台、倚傍狂词客。同寒岁，休浪掷。　氤氲气似飘安息。更依稀、金卮泛酒，银灯照席。千里传来清鸟使，梦到西湖咫尺。但闭户慰人孤癖。室小心清香自妙，玉壶水、中可藏魂魄。仙如射、尘世谪。"周采泉评张伯驹书体，审形度势，气韵丰赡，是书法中的"八宝楼台"

七三　1977年，张伯驹和戏剧界人士合影。前排为俞振飞（左一）、李洪春（左二）、侯喜瑞（左三）、张伯驹（左四）等，后排为荀令香（左一）、谢虹雯（左二）、梅葆玖（左三）、张君秋（左四）等

国续褒忠魂，人寻堕泪碑。
音容图画里，剩寄海天思。

以联语而称圣的，昔有方地山，今有张伯驹，特别是他悼念友人的挽联为人所称道。

梅兰芳谢世后，张伯驹去看望梅夫人福芝芳，中午就餐时饮

七四　1977 年，张伯驹和国画大师刘海粟、外孙女楼朋竹一
　　　起在北京后海寓所留影

了一点啤酒，回家后倚在沙发上小憩，午梦中得一联语云："并
气同芳，入室外芝兰成眷属；还珠合镜，升天梅福是神仙。"上
联用《论语》，言其当年结婚，下联用《汉书》，巧妙将梅兰芳、
福芝芳两人的名字嵌入。当时梅夫人还健在，人们对下联不甚理

七五　1977 年张伯驹（右二）和著名书法家萧劳（钟美，右一）
　　　接待外国友人

解，岂料不数日后，福芝芳去世，当时都认为是"谶"语，张先
生听了一笑作罢。

北昆演员白云生去世，他书的挽联云："玉笛空吹，旧曲不
堪歌综；霓裳同咏，名园犹忆舞红氍。"荀慧生逝世，张伯驹特
别伤感，他送挽联云："歌舞全休，旧梦重寻无旧梦；尘寰永隔，
留香犹在不留香。"

1978 年，党的十一届三中全会，给中华大地吹来了万物复
苏的春风（图七六～九一）。这一年，戴在张伯驹头上"现行反

七六　1978 年，张伯驹在北京后海寓所花棚下留影
七七　1978 年，张伯驹、潘素夫妇二人共同挥毫写丹青

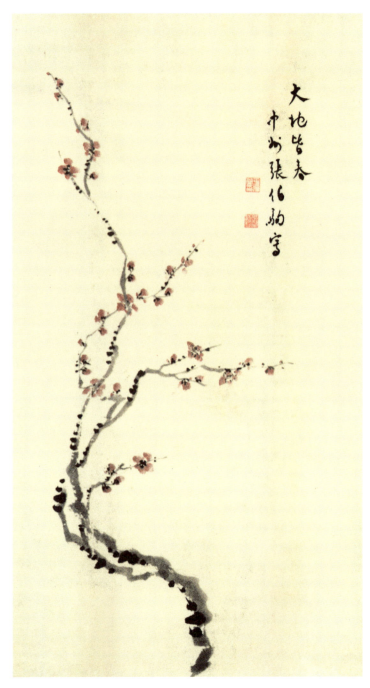

七八　张伯驹绘《大地皆春》

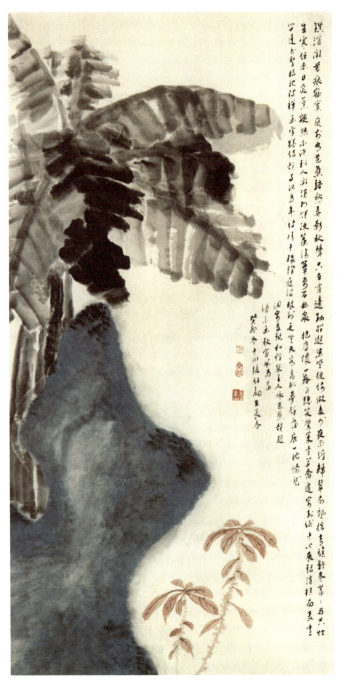

七九　张伯驹、潘素合绘《秋窗风雨图》

八〇　1978 年，党的十一届三中全会期间，四老聚首留影。前坐左
　　　起依次为黄君坦、张伯驹、刘海粟、夏承焘，后排左起依次
　　　为吴闻、夏伊乔（刘海粟夫人）、刘海粟之女、潘素、陈云章
八一　1979 年 2 月 12 日，张伯驹、刘海粟合绘《芭蕉樱桃》

八二　20世纪70年代，张伯驹赴天津，与友人趁李氏园观赏
　　　海棠时留影。前排左起依次为王雪波（前天津文化局
　　　长）、张伯驹、从鸿逵（天津京剧名票）、张静怡（天
　　　津词人张牧石夫人）

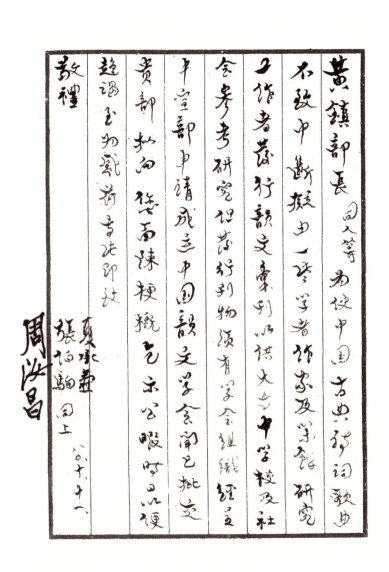

八三　1980 年 10 月，由张伯驹执笔，夏承焘、张伯驹、周汝
　　　昌就成立“中国韵文学会”联名致文化部部长黄镇信札

八四　1981 年 5 月，张伯驹（右一）参加了中国书法家第一次
　　　代表大会
八五　在中国书法家第一次代表大会上，张伯驹为大会献墨宝
八六　中国书法家第一次代表大会期间，张伯驹（前排左一）
　　　与友人孙墨佛（前排中）、王禹时（后排中）、女儿张传
　　　綵（后排左一）等在人民大会堂休息室合影

八七　张伯驹、潘素夫妇在中央文史研究馆与友人黄君坦（左
　　　一）、叶圣陶（左二）小聚

八八　张伯驹、潘素夫妇与相声大师侯宝林（右一）在一起

八九　1980年，张伯驹、潘素夫妇在后海寓所对弈。围棋和棋
盘都是陈毅元帅临终前托夫人张茜送至张宅

九〇　张伯驹、潘素夫妇晚年之欢

九一　1981 年，院内白丁香怒放，张伯驹、潘素夫妇心境大佳，
　　　喜召女儿张传綵（后排右二）、女婿楼宇栋（后排右一）、
　　　外孙女楼朋林（后排左一）、楼朋竹（后排左二）在丁香
　　　树下留影，以享天伦之乐

革命"的"铁冠"彻底摘了下来。他很庆幸，自己活了过来。

也就是在这一年，张伯驹和刘海粟同在大连棒槌岛，结邻而居。刘海粟也是戴了右派帽子多年，闲谈间，问张伯驹："你戴了右派帽子之后有何感想？"

张伯驹说："先父任过直隶总督，又是第一批民族资本家，说我是资产阶级，有些道理。但是我平生不会赚钱，全部积蓄，包括卖字的钱，都花在收藏上了。这些东西捐赠国家之后，我已成了没有财产的教授，靠劳动吃饭。戴什么帽子，我倒无所谓。一个渺小的凡人，生死得失，无关大局。但说我反党，实在冤枉。而且担心：老张献出这么多国宝，换了一顶'铁冠'，传到海外，对党的威信不利。本想见见周总理、陈老总，一吐为快，后来饱受打击歧视，见领导人已极难，我又不愿为个人荣枯浪费他们时间，一拖就是四年。……1961年，去吉林离京前，陈公派车接我到中南海，问到生活、写作、爱人作画等方面有什么困难，十分细致。然后询及去东北后的打算。我说可以教诗词、书法和古画鉴定。陈总说：'这正是你们当行的事情。关于右派的事，有些想不通吧？'我老老实实地说：'此事太出我意料，受些教育，未尝不可，但总不能那样超脱，做到无动于衷。在清醒的时候也能告诫自己：国家大，人多，个人受点委屈不仅难免，也算不了什么，自己看古画也有过差错，为什么不许别人错送我一顶帽子呢？……我只盼望祖国真正富强起来！'陈公说：'你这样说，我代表党谢谢你了。你把一生所收藏的珍贵文物都献给国家，怎么会反党呢。……我通知你们单位，把结论改成拥护社会主义，拥护毛主席，拥护共产党。'我们珍重道别，心里暖烘烘的……"一席话，听得海老默然。

张伯驹、潘素夫妇晚年仍耽于诗词书画（图九二～一○二）。红学家周汝昌请潘素绘《黄叶村著书图》，潘素欣然应命。画成之后，伯驹老人兴致很高，随将此主题交"秭园诗社"征题，并作为此社成立第一次"社课"，应者竟达数十篇之多。从碧的《风入松·题黄叶村著书图》云："斜阳衰草暮云昏，黄叶旧时村。

九二　潘素绘《黄叶村著书图》。红学家周汝昌循清乾隆二十二
　　　年丁丑（1757年）敦诚自喜峰口寄诗与曹雪芹,内中有"残
　　　杯冷炙有德色，不如著书黄叶村"句，疑曹雪芹至晚于
　　　乾隆丁丑之秋已迁居郊甸了，并推断著书应指雪芹著《红
　　　楼梦》。其实"黄叶村"三字，早在东坡诗句中就有"家
　　　在江南黄叶村"之语，清初王苹亦有"黄叶村间自著书"
　　　之句，敦诚只是暗用句意而已。1963年，适值举办纪念
　　　曹雪芹逝世二百周年盛大典礼活动，周汝昌特邀潘素绘
　　　《黄叶村著书图》，以创佳境。潘素很快命笔画就，画近
　　　元人平远小景而兼现西山之蔚秀。张伯驹兴致大发，将
　　　这一主题交与"稊园诗社"去征题，遍邀海宇诸诗家词客
　　　题咏，应者竟达数十篇之多，一时传为艺林美谈

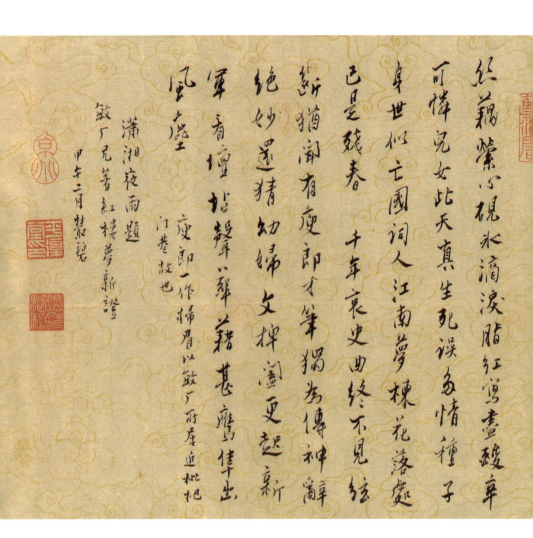

九三　1953年秋，周汝昌《红楼梦新证》一书出版。1954年春末，
　　　张伯驹特写《潇湘夜雨》词一阕。词曰："丝藕萦心，砚水滴泪，
　　　脂红写尽酸辛。可怜儿女此天真。生死误、多情种子、身世
　　　似、亡国词人。江南梦，楝花落处，已是残春。　　千年哀史，
　　　曲终不见，弦断尤闻。有庚郎才笔，独为传神。辞绝妙、还
　　　猜幼妇，文掉阄、更起新军。看坛坫、声华藉甚，鹰隼出风尘。"

九四　1988年，中国人民政治协商会议期间，周汝昌（左）、周
　　　伦玲（右，周汝昌之女）与潘素（中）畅谈后留影

九五　20世纪80年代，潘素于钓鱼台国宾馆作画

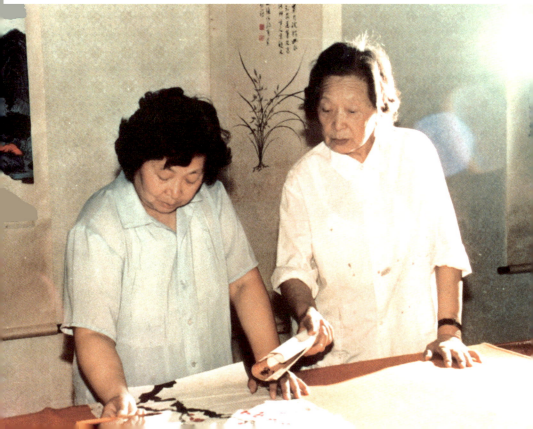

九六　潘素赠画美国总统老布什，此为王任重（右五）等观画时
　　　的情景
九七　1988 年，潘素指导女儿张传綵画梅
九八　张伯驹之女张传綵

九九　张传綵绘《红梅》。赵朴初题："故作小红桃杏色，尚余孤瘦
　　　　雪霜姿。"

一〇〇　张传綵绘《红梅》。刘海粟与张伯驹、潘素是挚友。1992年，
　　　　海老已九十七岁高龄，于重九日欣然命笔为张传綵画梅
　　　　题诗一首："一支画笔舞东风，点染梅花彻底红。更有
　　　　新诗记今日，神州都在彩霞中。"

一枝畫筆舞東風 點染梅花淡底紅
更有新詩記今日 神州都在彩霞中
一九九三年季九趄傅綵世佳女畫梅
七十歲晨光 劉海栗

一〇一　2000 年 3 月，张传綵应南京市太平天国历史博物馆瞻
园艺舍盛情邀请，赴金陵进行百梅百题个展

一〇二　张氏后人摄于北京后海南沿张宅门前。左起依次为楼朋
　　　　革、楼朋竹、张传綵、楼宇栋、楼朋林、楼朋文

东风一晌繁华事，忍回头、紫陌红尘。砚水滴残心血，笔花幻出灵魂。非烟似霰总无痕，知己几钗鬟。是真是假都疑梦，借后身、来说前身，剩有未干眼泪，痴迷多少情人。"张次溪亦写了《题潘素夫人绘曹雪芹黄叶村著书图》："山山风信向晚，忍冷烟凄婉。老屋村边，斜阳还缱绻。红楼休恨梦短，算付与雁声啼断。唱遍旗亭，多情应泪泫。"

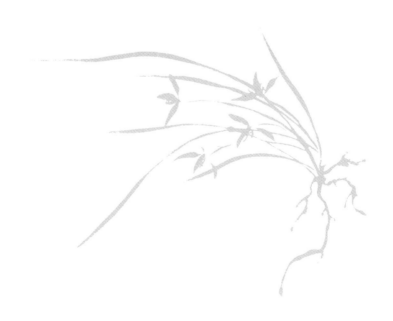

一〇 比国宝更珍贵
的文人精神

　　说张伯驹是当代大收藏家，他是当之无愧的。他著有《丛碧书画录》一卷，序中略记其收藏之行程，可以窥所藏大概，故录之后：

　　　　东坡为王驸马晋卿作宝绘堂序，以烟云过眼喻之。然虽烟云过眼，而烟云故长郁于胸中也。予生逢离乱，恨少读书。三十后，嗜书画成癖，见名迹巨制，虽节用举债，犹事收蓄，人或有訾，笑焉不悔。多年所聚，蔚然可观。每于明窗净几，展卷自怡。退藏天地之大于咫尺之间，应接人物之盛于晷刻之内。陶熔气质，洗涤心胸，是烟云已与我合矣。高士奇有云："世人嗜好法书名画，至竭资力以事收蓄，与决性命以饕富贵，纵嗜欲以戕生者何异。"鄙哉斯言，直市侩耳。不同于予之烟云过眼，矧今与昔异。自鼎革以还，内府散失，辗转多入外邦。自宝其宝，犹不及麝脐翟尾，良可慨已。予之烟云过眼，所获已多。故予所收蓄，不必终予身为予有，但使永存吾土，世传有绪，是则予为是录之所愿也。

　　《丛碧书画录》所记载书画以卷轴为主，其他册页、扇面则立另册，未得而见。仅以此观之，可谓浩然大家也。

　　书画录中所记首件为敦煌石室藏经《魏仓慈五王经卷》，以后以年代顺序排列，则为西晋陆机《平复帖》卷、隋展子虔《游春图》卷、唐李白《上阳台帖》卷、唐杜牧《赠张好好诗》卷、宋范仲淹《道服赞》卷、宋蔡襄《自书诗》册、宋黄庭坚《诸上座帖》卷、宋王诜《烟江叠嶂图》卷、宋徽宗《雪江归棹图》卷、宋米友仁《姚山秋霁图》卷、宋高宗书马和之画《诗经·小雅·节南山之什图》卷、宋高宗书马和之画《诗经·小雅·南有嘉鱼之什图》卷、宋朱胜非《书札》册、宋人《楼阁图》轴、宋吴琚《杂书诗》卷、宋杨婕妤《百花图》卷、宋赵伯骕《仙桥白云图》卷、元赵孟坚《画水仙自书诗》卷、元赵孟𬀩《饮马图》卷、元钱选《山居图》卷、元赵孟𬀩《章草千字文》卷、元赵孟𬀩《篆书千字文》卷、元赵孟𬀩《小楷妙法莲华经》卷、元仇远《自书诗》卷、元赵雍、王冕、朱德润、张观、方从义合卷、元方从义《云林钟秀图》卷、元颜辉《煮茶图》卷。以下从明四家、清六家到吴昌硕等八十六件。

在诸多国宝的后面，都隐藏张伯驹收藏的趣事。除了陆机《平复帖》、展子虔《游春图》、杨婕妤《百花图》已从上述可知外，还可再择几件略述之。

宋徽宗《雪江归棹图》，绢本，墨笔，着微浅绛，布置精深，笔意超绝。董其昌谓迥出天机，而疑为摩诘之迹。后有蔡京题跋，虽为误国君臣，而艺苑风流，自足千古。

宋徽宗的传世真迹以花鸟为多，人物次之，山水最少。正因为他的山水稀少，在流传中出现了摹本，而这一真迹一直深藏在清宫内府。后经溥仪盗取出宫，由天津张园而至长春伪宫小白楼，一直未见其原貌。故不少鉴赏家竟将摹本当成真迹，法国古玩商杜伯思（卢芹斋婿）自命为中国通，具有独到眼力，还是将摹本购去。

张伯驹对《雪江归棹图》卷有着如此兴趣，固然是物以稀为贵，更重要的是他有着好眼力。明人王世贞胞弟世懋在北京"鬻装购得"此卷时，宰相张居正追索甚急，有人为之担惊受怕，而王世懋本人却以为"顾业已有之，持赠贵人，士节所系，有死不能，遂持归"。说明王氏昆仲有骨气，他们冒着生命危险，不畏权贵，不惜以身家性命，保住所爱之物。王世懋题跋中还云："不数载，江陵相（张居正）败，法书名画，闻多付祝融，而此卷幸保存余所，乃知物之成毁，故自有数也。"

由《雪江归棹图》卷引出《清明上河图》的故事。据载，严嵩父子向王世贞、王世懋兄弟索取宋人张择端《清明上河图》,《缀白裘》昆曲有《一捧雪》剧目，在《红楼梦》第十八回剧目中第一出即《一捧雪》，皮黄戏亦有《一捧雪》，皆系根据《清明上河图》传说，讽劝嗜好古董者莫怀古，如怀古即一捧雪矣。对此，伯驹进行了考证。他认为《清明上河图》之事虽见明人笔记，然图无世贞兄弟跋及收藏印。且世贞《四部续稿》云："张择端《清明上河图》有真赝本，余具（俱）获寓目。真本初落墨相家，寻入天府，赝本乃吴人黄彪之造。"据此，世贞只看过真赝两本，图并未入世贞家。由此，伯驹认为《一捧雪》事写的是《雪江归棹图》。伯驹虽作如是考证，但他不无感叹地说："《雪江归棹图》卷昔藏余手，惜未题之。"这种感叹恰表现了收藏家的心态。

宋蔡襄《自书诗》册，淡黄纸本，洁净如新，乌丝格，字径寸，行楷具备，姿态翩翩。在溥仪未出宫时，由太监偷出。萧山朱翼盦于地安门市肆得之，其进价五千元。1932年失去，穷追猛找，复得之于海王村肆中，又以巨金赎回。朱氏去世后，其后代甚为宝贵，不肯让人。1940年翼盦的母亲去世，家潜兄弟们以营葬费始让出，由惠古斋老板柳春农送到伯驹手中。当时梁鸿志主持南京伪政府，声势煊赫，也想购得，并扬言已出价四万元。伯驹求让，朱家索价四万五千元，伯驹连价也不还即收进。伯驹在册后题跋云："宋四家以蔡君谟书看似平易而最难学。苏黄米书皆有迹象可寻，而米尤多面手，极备姿态，故率伪作晋唐之书。然以其善作人之伪，而人亦作其伪耳。"

伯驹得此册，书艺大进（图一○三～一○九）。他自剖云："余习书，四十岁前学右军《十七帖》，四十岁后，学钟太傅楷书，殊呆滞乏韵。观此册始知忠惠为师右军而化之，余乃师古而不化者也。遂日摩挲玩味，盖取其貌必先取其神，不求其似而便有似处；取其貌不取其神，求其似而终不能似。余近日书法稍有进益，乃得力于忠惠此册。假使二百年后有鉴定家视余五十岁以前之书，必谓伪迹矣。"

《赠张好好诗》卷表现了杜牧诗之风华蕴藉，与白乐天《琵琶行》并为伤感迟暮之作，而更婉丽含蓄。此卷行书如核桃大，无名款，宋徽宗赵佶题为杜牧所书，用瘦金书题于前隔水鹅黄细绢

一〇三　张伯驹八十岁时书七言对联

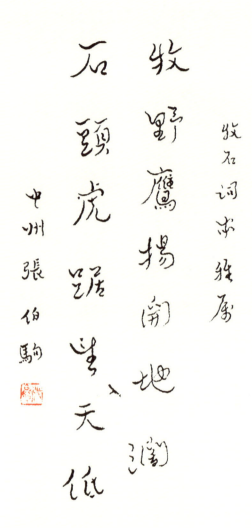

牧石词宗雅属

牧野鹰扬开地阔

石头虎踞坐天低

中州张伯驹

一○四　张伯驹八十大寿时为天津词人张牧石写下了一副嵌
　　　　字联。张牧石时年整五十。张牧石，字介盦，又字扬斋，
　　　　著名诗人篆刻家、金石书画鉴定家。张伯驹将之与
　　　　陈巨来并称为篆刻界的"南陈北张"。伯驹晚年常用
　　　　印章多出其手

一〇五 张伯驹八十二岁时仍满腔热忱书写毛泽东词句条幅

一〇六　张伯驹《书青绿山水画论》。文曰："南北朝以佛教之兴印度，
画法随之东来。梁张僧繇采取印度佛像背景山水画法，名
为凹凸法，即后世所谓没骨青绿山水。余所见之青绿山水
画有隋展子虔《游春图》、宋王诜《烟江叠嶂图》、王希孟《千
里江山》、赵伯驹《万松金阙》、元钱选《山居图》、明仇英《松
阴论画图》、蓝瑛《白云红树》、清王时敏《晴岚暖翠》、吴
历《兴福庵感旧图》、王翚《山水》、恽寿平《山水》、华嵒

菁山郭山佛青之奥即菠画法隨之

东麦梁張僧繇家取即菠佛缘習景

山水画殊名為四山張即隐在所胡段

骨青綠山水

余昕見之青綠山水画多潜展子窦游春

香家王洗細江壁峰者王希孟千里

江山趙佰駒多松金瀾无幾選山居番

奶仉英松陰论堂青藍璞白雲紅樹清

王昭敏時嵐暖翠渓奥福庵感華

晋王翠山水輝奉平山水華嶽山水

《山水》、毛上炱《灵岩读书图》等。所见之没骨青绿山水画则有明董其昌仿唐扬升《峒关蒲雪》及《昼锦堂》两图而已。《峒关蒲雪》已由室人潘素临摹两幅，今尚存箧中。兹再由其临摹《昼锦堂》图以窥玄宰先生之全豹。中国之山水画以青绿山水始因五胡乱华晋室东迁，睹东南江山之美而产生青绿山水画，后有大青绿、小青绿、金碧青绿、没骨青绿，而余所见之青绿山水画叹观止矣。　　中州张伯驹题时年八十又三"

一〇七　张伯驹八十五岁时书七言对联

上。南宋时为贾秋壑收藏，入元归大收藏家张晏所有，明时为董其昌庋藏，并刻入《戏鸿堂帖》中。清初则为真定相国梁清标珍秘，卷后有年羹尧观款，当时或曾经年氏所藏，随后入清内府。

此卷经溥仪携带到长春，藏小白楼。溥仪垮台之时，"国兵"哄抢小白楼珍藏，此卷为"国兵"王学安所劫，出于当时形势的严峻，王学安劫后即埋入土中，外边风声转缓之后，再从地下挖出，由于地下潮湿，侵蚀现象极为严重，已经是满纸霉点，有的地方已破碎不全。明末清初之际，大收藏家顾复在所著《平生壮观》中记下了此帖的面貌："牧之此诗，纸墨颇佳，书成欲舞。"《大观录》作者吴升则云此帖："笔墨厚重，有唐明皇《鹡鸰颂》姿态，虽然该卷为唐制白麻纸本，抵侵蚀的性能还可以，没有全部霉坏，但和顾吴两位前人观时相比，已经面目全非了。"

1950年，北京古玩商靳云卿从东北购得此卷，携至北京。靳云卿即是琉璃厂论文斋靳伯声的二兄弟。秦仲文得到这一消息，立刻告诉了张伯驹，并说这件东西在惠孝同手里，不让张伯驹知道。因为张要知道，是必定要买的。

惠孝同是满族宗室之后，出自民国初年金拱北门下，乃湖社成员之一。惠氏对国画创作有浓厚兴趣，但在抗战胜利前未曾染指琉璃厂旧书画买卖，家中原有满族画家先辈作品不少，多是祖先留下来的。抗战胜利后不久，受南北鉴赏家竞收长春伪宫散佚书画之影响，毅然加入这个行列一显身手，所购法书名画虽不能与张伯驹分庭抗礼，毕竟购进过王晋卿的《烟江叠嶂图》及《渔村小雪图》，足以引起鉴藏家刮目相看。

张伯驹找到惠孝同，惠说没有买成，已被靳伯声携至上海了。

但张伯驹怎肯罢休，急托马宝山立赴上海，无论多大的代价，都要把此卷追回。靳伯声携此卷到上海的情况，今人已无从得知，但不到一个月，马宝山果然将此卷追回。张伯驹以五千多元人民币的代价收进。他在回忆购到杜牧《赠张好好诗》卷的心情时说："为之狂喜，每夜眠置枕旁边，如此数日，始藏贮箧中。"

对此事，马宝山晚年有一段回忆，说：张伯驹想买此卷，托

一〇八　晚年的张伯驹

一〇九　1992年，黄永玉绘《大家张伯驹先生印象》。画上方有
　　　　长题，详述某日在莫斯科餐厅偶遇伯驹先生后的感触

我助成其事。靳云卿是靳伯声的二弟,我和他没有来往。此时靳伯声没在北京,我便去找靳伯声之妻金玉梅商谈,金说:"此卷在我手,你拿去给办吧。价至少四十两黄金。"张伯驹看后说:"解放后不准黄金买卖,已有公告颁布,买卖用人民币计算。"就这样,我往返多次,未能成交。这天,我又去靳伯声家和金玉梅解释,黄金买卖是严重违法的行为,我们不能做违法之事。这时靳云卿突然从里屋窜出,双手掐住我的喉咙,大声吼道:"你今天不给黄金,我就要你的命!"金玉梅见状,吓得忙去解救,连声说:"给你黄金。"靳云卿才放手。我猛然受此欺侮,精神有些恍惚,乃将经过告诉张伯驹,张立即同我去找靳云卿论理。靳云卿藏起来未敢见面,只有金玉梅出面,应允按照人民币办理成交。张伯驹叫我去法院告发靳云卿的野蛮行为,经金玉梅再三请求,叫靳云卿在恩成居饭店向我赔礼道歉了事。

2002年冬,上海博物馆五十华诞,举行"晋唐宋元书画国宝展",杜牧《赠张好好诗》卷由京来展出,郑重始得观看真迹,卷末有张伯驹题写的《扬州慢》一词,云:"秋碧传真,戏鸿留影,黛螺写出温柔。喜珊瑚网得,算筑屋难酬。早惊见、人间尤物,洛阳重遇,遮面还羞。等天涯迟暮,琵琶溢浦江头。　盛元法曲,记当时、诗酒狂游。想落魄江湖,三生薄幸,一段风流。我亦五陵年少,如今是、梦醒青楼。奈腰缠输尽,空思骑鹤扬州。庚寅中州张伯驹。"

伯驹藏《紫云出浴图》,甚为宝珍。他在《春游琐谈》中写道:"余所藏书画尽烟云散,唯此图尚与身并,未忍以让。"藏者何以对此图如此钟情?

紫云姓徐,是明末四公子之一冒辟疆的歌童。陈其年是冒辟疆的好友四公子之一的陈定生之子,与紫云有着同性之恋。清人笔记有记载,冒鹤亭辑有《云郎小史》。陈鹄以此为题材画《出浴图》,纸本,横一尺五寸,纵七寸。紫云像三寸许,着水碧衫,支颐坐石上,右置洞箫一,发鬓鬖然,脸际轻红,星眸慵睇,神情骀宕,若有所思。

陈其年遵父命投奔冒辟疆后，言咏梅百首，赠冒母以谢。辟疆读之击节，爱其才气，尊重故人，干脆把云郎派去侍候陈其年。陈其年在《将发如皋留别冒巢民先生》一诗中，回忆初见云郎时的情景："阿云年十五，娟如立屏际。笑问客何方，横波漾清丽。"

水绘园的生活给陈其年留下魂回梦绕、终生蕴藏的情怀，所以他在《寄东皋冒巢民先生并一二旧游》中放怀地写道："如皋忆，最忆小三吾，隔水红墙春冉冉。拍波缘箐雨苏苏，隐儿一愁无。""如皋忆，记坐全德堂，几缕椒鸡闲说饼串罂花露静焚香，弦索夜枨枨"。

紫云师陈九，陈其年以《满江红》相赠："铁笛钿筝，还记得、白头陈九。曾消受、妓堂丝竹，球场花酒。藉福无双承相客，善才第一琵琶手……"可见陈九来历不凡，其徒可知。

陈其年寄居在深翠山房、水绘园，不敢夜读、独眠，冒派紫云陪伴，两人的同性之恋，一时传为谈笑之资。陈其年为紫云写了许多艳诗丽句，朱孝臧（彊村）题陈其年词集云："迦陵韵，哀乐过人多。跋扈颇参青兕意，清扬恰称紫云歌，不管秀师诃。"另外，陈还为他画了一些写照。据记载或为流传至今的《云郎小照》、《紫云出浴图》。冒辟疆为《云郎小照》题二绝句，其二云："陈子奇才乱典坟，陈子痴情痴若云；世间知己无如我，不遣云郎竟与君。"

《紫云出浴图》自明末问世以来到近代，参与题咏者近百人，均为文人学士、社会名流。为便于了解题者心态，兹选录数首于此。明清之际的宋琬在《为陈其年所欢紫云题像》　诗中写道："擎箱涤砚镇相随，婉转君前舞柘枝。催促陈思填乐府，曾将红豆谱乌丝。""娥眉参意写难工，试比崔徽约略同，我代画师添数笔，玉箫吹罢依梧桐"。前一首是写人，后一首是写画。宋琬与冒辟疆、陈其年是同时代的人，又都是相识的朋友，想必他是见过紫云的，所以写得很真实。清代学者王士禛题诗两首，其一云："斗帐新寒歇旧薰，人间何路识香云，江南红豆相思苦，岁岁花前一忆君。"清代诗人崔华题云："开缣无处不销魂，知是桃花洒面盆。画里恼人争欲艳，况君曾与共黄昏。""娇郎艳女斗香尘，总在含颦色态新。手抵粉腮如有忆，知君真是意中人"。

此图流传有绪，原藏湖海楼，雍正辛亥归吴青原。后归曹忍荼。后复归陆氏穰梨馆，见李宗莲题诗。后又归端方。袁世凯第五子袁克权规庵为端方婿，除获赠《紫云出浴图》外，端方还以百衲本《史记》及仇十洲《腊梅水仙》轴为奁赠。袁世凯诸子有文采者，除寒云外，则为规庵，诗学李义山。袁寒云亦曾言及五弟之诗，可入玉溪之室。伯驹于规庵处初见之，极羡爱，请其相让，未许。伯驹谋于方地山，地山为袁世凯诸子的老师，此时正窘困。伯驹提出愿出三千金购之，两千金归规庵，另一千金算是规庵与伯驹共赠方地山。

商定后，此图遂归伯驹。图在穰梨馆时，光绪三十年甲辰（1904年）李葆恂曾题于武昌，光绪戊申（1908年）有郑孝胥、梁鼎芬及瑜庆题诗。此时仍在穰梨馆，后不知何时始归端方。

此图归伯驹后，有如下一段记载：《出浴图》归余后，曾携至上海，丐陈夔龙庸庵太老师题七绝句二首，并书引首"离魂倩影图"五字。夏敬观词人题《玉楼春》一阕。冒鹤亭太史题诗三首。回京又倩傅增湘沅叔、林葆恒切盫、夏仁虎蔚如、傅岳棻治芗、高毓浵潜子、夏孙桐闰庵、关赓麟颖人诸老题诗词。诸老皆以庸庵太老师题引首"离魂倩影"四字与图不切合，是以沅叔年伯题诗第四首云："韵事流传感叹新，娇娆误认女儿身，嗤他海上庸庵叟，雾里看花恐未真。"余复携卷去上海，庸庵太老师见诗甚怒，更题卷上云："辛巳正月重阅云郎《出浴图》，见傅增湘题句牵涉老夫，一笑付之。"诗云："病起重披出浴图，知君亦赋小三吾。无端牵涉庸庵叟，一笑狂奴胆气粗。"盖庸庵太老师任直隶总督，沅叔年伯任直隶提学使，固属吏也，"嗤"字似嫌不敬矣。余回京以告沅叔年伯，并示以诗。沅叔年伯亟具书谢罪，托余转陈，始了此一事。沅叔年伯曰："罗瘿公曾函其书为程砚秋征诗，诗引用紫云事被退回，今又以紫云事开罪老上司，何紫云之不利于余也。"此亦关于紫云之一段趣事，余亦题诗二首与书，皆稚弱，颇使西子蒙不洁，有两句云："何缘粉本归三影，只有莲花似六郎。"余前岁得明牙印，刻莲花，篆"六郎私记"四字。俟图重装裱，原题诗去之，留此二句，改成《鹧鸪天》词，下钤此小印。

《续洪宪纪事诗补注》中，亦提及此事。其诗曰："倩影离魂误着辞，看花雾里眼迷离。如何多为云郎事，开罪北门旧上司。"可见，同性恋为当时一忌。

清乾隆"三希堂"所藏王羲之《快雪时晴帖》、王献之《中秋帖》、王珣《伯远帖》名重一时，虽不为伯驹收藏，但他和此三帖亦有着非同寻常的关系。

他对三帖有着自己的见解，认为《快雪时晴帖》为唐摹本，并非唐摹本之最佳的本子，只是以赵松雪之跋而得名。乾隆最重赵字，视为真迹，毕一生之力临仿此帖。《中秋帖》见《宣和书谱》，即《十二月帖》。《书画舫》云："献之《中秋帖》卷藏檇李项氏子京，自有跋。细看乃唐人临本，非真迹也。"《大观录》云："共三行二十二字，前后有收藏家印。此迹书法古厚，墨彩气韵鲜润，但大似肥婢。虽非钩填，恐是宋人临仿。"则《中秋帖》系米临。其明清鉴藏家认为晋迹无疑者，为王珣《伯远帖》。

《快雪时晴帖》似乎未出宫门，一直藏故宫博物院，现藏台湾。1937年春，伯驹在郭世五家看到《中秋》、《伯远》二帖，还有李白《上阳台帖》也在这时看到（图一一〇）。这几件帖都是溥仪在天津张园时所卖出，不知怎么被郭世五得到。郭还藏有伊秉绶《三圣草堂额》，颇为自豪。伯驹说："其旨在图利，非为收藏。"伯驹见到此二帖，即担心流落海外，不复有延津剑合之望。即请惠古斋主人柳春农从中说合，请郭转让。郭世五以《中秋》、《伯远》二帖并李白《上阳台帖》另附以唐寅《孟蜀宫妓图》轴、王时敏《山水》轴、蒋廷锡《瑞蔬图》轴，转让给伯驹，议价为二十万元。先给六万，余款一年为期付清。

到了夏天，即发生"卢沟桥事变"，金融封锁冻结，款至次年到期不能付，乃以《中秋》、《伯远》二帖退还，其他几件留作抵已付之款。

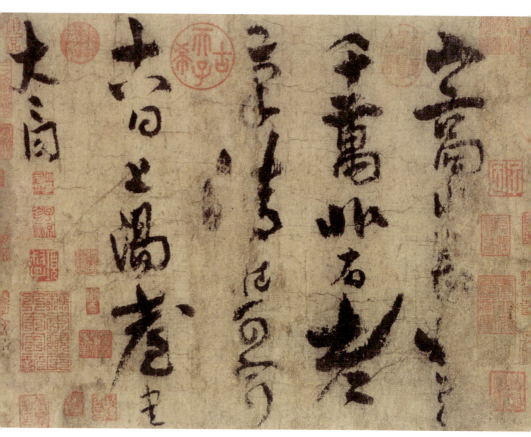

一一○　唐李白《上阳台帖》

郭世五不是等闲之辈。他名葆昌，河北定兴人，古玩商出身。后为袁世凯差官，为人机警干练，颇得袁世凯宠信，渐荐升至总统府庶务长。

袁为帝制时，郭世五建议制洪宪瓷器，以为开国纪念，颇得袁世凯称许，遂命为景德镇瓷业监督，承办其事。洪宪瓷的花彩样式，多采自清宫内廷及热河行宫之物。袁世凯做了短命皇帝，所取样本皆未交还，遂成郭氏觯斋藏瓷中精品。郭氏鉴别瓷器颇有眼力，收购论值，亦具魄力。再加以积多年经验，海内瓷家自当以其为冠。伯驹说："郭氏如胸有翰墨，亦是高士奇一流人物。"郭氏殁后，伪华北政务委员会王克敏欲以二百万伪联币收购其藏瓷器归公有，未能成功。

日本投降后，伯驹自西安返京，又托惠古斋柳春农向郭氏后人郭昭俊询问《中秋》、《伯远》二帖事，则仍在郭家。问其让价，一帖为三千万联币，合当时黄金一千两，虽然是老交情了，但亦不能减价。经反复商量，未能达成协议。

这时，教育部战时文物损失调查委员会副代表王世襄到了北平，欲使德国籍某人所藏铜器及郭氏所藏瓷器归于故宫博物院，和伯驹商议。伯驹亦主张郭氏藏瓷归公，并告诉王世襄他和郭氏交涉的经过。郭氏藏瓷原存中南银行，后又移交通银行。王荫泰任伪华北政务委员会委员长，曾下令此藏瓷若有所移动须预先呈报。因此，郭氏藏瓷之精品，除郭氏生前盗卖于美国者外，则由郭昭俊让于王荫泰。因存瓷多非内廷及热河行宫之原物，伯驹建议收购价格不宜过高。

此事正在进行之时，南京政府行政院长宋子文来北平视察。由朱桂莘介绍，郭昭俊得入宋子文门。朱桂莘又名启钤，洪宪时任内阁总务长，筹备开国大典，修整城阙宫殿，皆出其手，是袁世凯的红人。袁世凯称帝时，郭世五为制洪宪瓷，朱桂莘为筹办登基大典，两人可谓世交。郭昭俊自然也就是朱桂莘的晚辈了。出人意料的是，郭昭俊将藏瓷捐于故宫博物院，由行政院给予奖金美金十万元。故宫博物院设专室陈列，悬挂郭世五遗像，并派

一一一 1981 年初，张伯驹托友人将潘素绘就的两幅芭蕉
图带往台北，并致函张大千。不数月，于台北摩耶
精舍的大千，在一幅芭蕉图上补写了波斯猫，在另
一幅画中补写了团扇仕女图。令人惋惜的是张伯驹
未及亲睹此一妙作，竟于 1982 年 2 月 26 日去世。
1983 年，张大千亦去世

郭昭俊为中央银行北京分行襄理。此举出乎郭昭俊意料之外。其
中原因是：《中秋》、《伯远》两帖由郭昭俊献与宋子文。

　　一年之后，伯驹的朋友潘伯鹰主编上海《新民晚报·造型》
副刊，来函约稿，伯驹写了一篇《故宫散佚书画见闻记》，在文
中揭露二帖被宋子文占有之经过。

　　上海文物界人士甚为重视此事，传说纷纭。宋子文害怕有侵
吞文物之罪名，复将二帖退给郭昭俊。不久，上海《新民晚报·

艺坛通讯》又载文云:"稀世珍品王珣《伯远帖》、王献之《中秋帖》，前由袁世凯差官郭世五之儿献与宋子文。据悉宋不敢收已还郭子。刻原件存中南银行。郭子仍待价而沽，国宝之下落如此!解放军围城北平之前，郭昭俊已逃往上海。今郭昭俊从中南银行取出，携至台北，将求善价。此种国宝竟容私人如此挟逃，又竟无人管，怪极!"

此时，伯驹任故宫博物院专门委员，又连续发表关于故宫收购书画之事，颇使院长马衡不悦，责备伯驹"院内人不为院讳"。伯驹听了，一笑置之。

1981 年，潘素以泼墨画了两幅芭蕉图，拟寄给张大千，聊表对朋友的思念。画好后，恰好有一位香港朋友来京，遂托他将画带往台湾，张伯驹又给张大千写了一封信:

大千贤弟:

自戊子握别，至今已三十三载。回首前尘，恍若隔世。

兄日夜思念老友，今有室人潘素绘就两幅芭蕉，请大师择一善者补写。万望老友多多保重。

伯驹顿首

张大千接到这两幅画，在一幅画上补写了波斯猫，在另一幅画上补写了团扇仕女(图一一一)。

1982 年 1 月，张伯驹因患感冒住进医院。当他走进病房见是八个人住在一起的大病房，就闹着要回家。同房的几位病人的病情都比他严重。

潘素好说歹说，把他安顿下来，跟着就向院方请求，能不能换个单人或双人病房。医院的人说:张伯驹不够级别，不能换。两天以后，同病房的一个病人死了，张伯驹的病情不但未见好转，反而更严重了，从感冒转成肺炎，不思茶饭，只靠输液维持生命，一直处于昏迷状态。

旧历正月二十二日(公历 2 月 25 日)早晨，伯驹突然神志清醒，提出要吃东西。

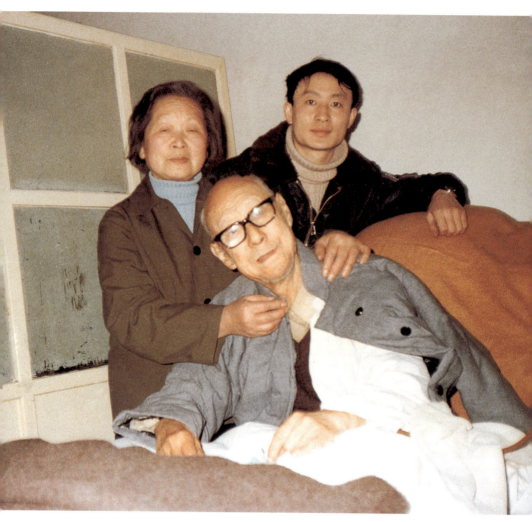

一一二　1982年2月，国画大师张大千命即将出国的孙子张
　　　　晓鹰赴北大医院看望张伯驹。2月25日恰逢张伯驹
　　　　八十五岁寿辰，在病榻上欣然与张晓鹰合影，并吟成
　　　　寄怀大千兄七律一首，又赋《鹧鸪天》词一阕

这一天正是他八十五岁生日。上午十时许，张大千的孙子张晓鹰奉爷爷之命前来探望，伯驹握着晓鹰的手，泣不成声（图一一二）。

下午，伯驹请《文物天地》主编王禹时取来纸笔，录下他吟成的七律诗一首和《鹧鸪天》词一首。诗云：

> 别后瞬经四十年，沧波急注换桑田。
>
> 画图常看江山好，风物空过岁月圆。
>
> 一病翻知思万事，馀情未可了前缘。
>
> 还期早息阋墙梦，莫负人生大自然。

《鹧鸪天·病居医院至诞辰感赋》词云：

> 以将干支斗指寅，回头应自省吾身。莫辜出处人民义，可负生教父母恩？　　儒释道，任天真，聪明正直即为神。长希一往升平世，物我同春共万旬。

2月26日上午10时43分，张伯驹心脏停止了跳动。3月26日，举行了张伯驹追悼大会。

在追悼会上，叶剑英、邓颖超、王震、谷牧等国家领导人赠送了花圈，赵朴初、夏衍、胡愈之、牛满江、刘海粟等各界知名人士二百余人敬献了挽联（图一一三～一一七）。灵堂两侧悬挂的挽联为：

> 晋唐宝迹归人民，先生所爱，爱在民族，散百万金何曾自惜；
>
> 丛碧遗编贻后世，夫了何求，求其知音，传二三子自是千秋。

老友、知音宋振庭也送了挽联：

> 爱国家，爱民族，费尽心血，一生为文化，不惜身家性命；
>
> 重道义，重友情，冰雪肝胆，贲志念统一，豪气万古凌霄。

将张伯驹收藏书画的故事写到这里，真如欣赏旧时月色，斑

一一三　1982年2月26日，张伯驹病逝，享年八十五岁。3月26日，
　　　　在八宝山公墓为其举行了追悼大会。在追悼会上，叶剑
　　　　英、邓颖超、王震、谷牧、钱昌照等党和国家领导人赠
　　　　送了花圈，王任重、周扬、贺敬之、郑思运及赵朴初、
　　　　夏衍、胡愈之、牛满江、刘海粟等各界知名人士二百多
　　　　人参加了追悼会。追悼会由叶圣陶（前排右四）主持，
　　　　萨空了（左一）致悼词
一一四　中央文史研究馆馆长叶圣陶参加了张伯驹追悼会
一一五　中国社会科学院考古研究所所长夏鼐参加了张伯驹追悼会

琴書筆硯作生涯　磊落本無瑕　足真名士渾滿

海　一代大方家　嗓肝膽　熱血中華

詩裁詞闕筆無花　翰毫先族華風雲日須

鬧熱賣鳥傳千壬　嗓琴群馬　伯牙

仿元散曲遊四門　方闕奉呈

張伯老靈前以誌緬懷

晚生歐陽中石承輓

一一六　欧阳中石悼张伯驹的挽联。联曰：琴书笔砚作生涯，磊
　　　　落本无暇。是真名士浑潇洒，一代大方家。嗟肝胆，照
　　　　中华。诗截词阙笔无花，翰墨真精华。风云日月须闲煞，
　　　　贾岛叹才乏。嗟琴碎，有伯牙

一一七　张伯驹于 1982 年去逝后，社会各界时时追思。20 世纪
　　　　90 年代初，国画大师刘海粟提议成立"张伯驹研究会"。
　　　　前排右起依次为夏伊乔、潘素、萧劳、刘海粟、常任
　　　　侠、侯宝林，后立者有王世襄（右八）、史树青（右九）、
　　　　朱家溍（右十）、王禹时等文博界学者

斑驳驳，时隐时现，他那种"千金散尽还复来"的贵胄子弟的倜傥诗情又展现在眼前，用传统的品评文人的标准来看，他是集牡丹之宝贵、菊花之隐逸、莲花之君子于一身。也许有人不是这样想的，他们会惊叹，放在今天，这些画值多少钱啊？！但比这更沉重、更响亮的声音，也许震得人们胸口发痛：张伯驹的人生价值该值多少啊！难道他的价值就体现在他捐献的国宝上面吗？张伯驹比国宝更珍贵的，是他的文人精神，是今后很难再看得到的一种做人的精神。

中国的文人是知识阶层中的另一类人，他可以有钱有闲，也可以有闲无钱，或者他可以无钱无闲，但他对社会有一颗可贵的责任心而对社会无所求，他可以做一番事业，但不求流芳百世，只求自心的愉悦。

由于这样的人生宗旨，所以也就形成了他的优游态度，闲逸情调，仗义作风，散淡的心情，而这一切又形成了他那饱满个性和独立精神。所以在吞食与消化"人"的各种政治风浪中，他既有着适应的弹性，又有着自我完善的刚性。这就是中国文人的模样，从张伯驹的精神世界中，我们看到了这种文人的模样。在社会上，他不会有跌倒的感觉，更不需要修炼"爬起来"的功夫。

文人是知识分子，但并不是每个知识分子都可以成为文人。当今及今后，知识分子中可以有哲学家，可以有史学家，可以有社会学家，可以有作家等以职业为依托的这个家或那个家，但不会有超脱于社会的纯粹文人了。历史不会再赋予生长张伯驹式的文人的土壤，但时间越久，历史烟尘堆积得越厚，文人精神越能显现出它的光彩。

附　录

生平简表

1898 年　张伯驹字丛碧，别号好好先生，自称"中州张伯驹"，并治"重瞳乡人"、"平复堂"等印，河南项城秣陵镇阎楼村人，清光绪二十四年正月二十二日生。原名张家骐，为张锦芳长子。六岁时过继给伯父张镇芳（字馨庵）。张镇芳为壬辰（1892 年）进士，以直隶候补道任永平府七属盐务总办。生父张锦芳（字绹庵）为前清秀才，曾任度支部郎中，1913 年任众议员。

1905 年　是年起随父居天津南斜街。端午节乘人力车直驶下天仙茶园观戏，大轴为杨小楼出演的《金钱豹》，这是其首次接触京剧。

1906 年　学会作诗，诗作被编入由张镇芳、马丽轩等组成的"丽泽诗社"所编的《丽泽社诸家诗》中。

1911 年　与袁世凯之四、五、六、七子同入新学书院读书。

1912 年　父张镇芳由署理直隶总督转任河南都督，伯驹随父赴河南开封，入河南陆军小学读书。

1914 年　随父入京。

1915 年　考入中央陆军混成模范团骑兵科，时袁世凯以陆海军大元帅兼任团长。
　　　　张镇芳创办盐业银行。

1917 年　于中央陆军混成模范团毕业。

1918 年　任安武军全军营务处提调（安徽督军为倪嗣冲），后安武军改为陆军，任长江巡阅使署谘议。
　　　　任盐业银行监事，后任常务董事兼总稽核。

1920 年　倪嗣冲病故，长江巡阅使裁撤，张伯驹去职。

1921 年　任河南暂编第一师参谋。

　　　　任湖北湖南四川江西四省经略使署谘议（经略使为曹锟）。

1927 年　收藏第一件墨宝——康熙皇帝御笔"丛碧山房"横幅，笔宗柳法。任丘博学鸿词庞垲号丛碧，此或赐庞氏者。因张伯驹所居处好植蕉竹花木，因自以"丛碧"为号。

1928 年　正式师从余叔岩学戏。

1930 年　李石曾以法国退回之庚子赔款经办文化事业，其中最为卓著者，为 1930 年创办中华戏曲音乐院。该院内设北平戏曲音乐分院和南京戏曲音乐分院。北平戏曲音乐分院虽在北平（今北京），实徒具空名，仅成立一院务委员会而已，张伯驹为委员之一。

1931 年　11 月，梅兰芳友好挽张伯驹约梅兰芳、余叔岩合作，发起组织北平国剧学会，募得各方捐款基金五万元。选出李石曾、王绍贤、梅兰芳、余叔岩、齐如山、张伯驹、王孟钟、傅芸子等为理事，王绍贤任主任。梅兰芳、余叔岩任教导组主任，齐如山、傅芸子任编辑组主任。张伯驹、王孟钟任审查组主任。教导组设传习所，训练学员。

1932 年　与潘素在苏州结婚。

1934 年　任南京盐业银行经理。

1936 年　在上海闻溥儒（心畬）所藏韩干《照夜白图》卷为叶某买去。时宋哲元主政北平，伯驹急函申述此卷文献价值之重要，请其查询，勿任出境。比接复函，已为叶某携走转售英国。

1937 年　几经周折，在傅增湘（沅叔）的斡旋下，从溥心畬处购得西晋陆机《平复帖》。

春，伯驹见三希堂晋帖中的王献之《中秋帖》、王珣《伯远帖》及李白《上阳台帖》于郭世五家。当时恐二帖或流落海外，立请惠古斋柳春农居间，郭以二帖并李白《上阳台帖》另附以唐寅《孟蜀宫妓图》轴、王时敏《山水》轴、蒋廷锡《瑞蔬图》轴，议价共二十万元让。伯驹先付六万元，余款约定一年为期付竣。至夏，"卢沟桥事变"起，金融封锁，余款至次年无法付清，乃以二帖退还，其余留抵已付之款，仍由惠古斋柳春农居间结束。

年初，张伯驹四十寿，于北平隆福寺街福全馆为赈济河南旱灾义演《空城计》，自饰诸葛亮，余叔岩饰王平。

"卢沟桥事变"后，由津移居北平的词人郭啸麓又结蛰园律社及瓶花簃词社，夏枝巢、张伯驹、黄君坦、关赓麟（颖人）等皆为社中中坚。

1938 年　居北平，除去盐业银行外，在家向汪孟舒学弹古琴，每月去郭则沄家聚餐，并与老辈共作律诗。潘素向汪孟舒、祁井西开始学山水画。

1939 年　偕潘素去上海，乘船到香港，由香港经河内到昆明、重庆，住盐业银行，到贵州见吴鼎昌（贵州省政府主席兼盐业银行总经理）汇报盐业银行情况。

5 月间到上海，不久，发起成立"保护国故临时委员会"。

1940 年　去上海照料上海盐业银行及总处事，春节前回北平。

宋蔡襄《自书诗》册，原为萧山朱翼盦珍藏。1940 年，翼盦原配去世，其嗣以营葬费始出让，由惠古斋柳春农持至张宅，终以四万五千元藏之。

1941 年　为料理上海盐业银行及总处事，又去上海，租
　　　　　居培福里，遭汪伪"七十六号"特务绑架，被
　　　　　拘八个月。经多方营救，由潘素向亲友借钱及
　　　　　出卖金银手饰、股票，才使其脱离魔窟。就在
　　　　　被囚的八个月中，张伯驹断然表示，宁死魔窟，
　　　　　决不变卖所藏书画赎身。

1942 年　10 月，携妻女及全部书画赴西安。在西安筹办
　　　　　秦陇实业公司，任经理。

1943 年　去重庆，住盐业银行。后去贵州，见吴鼎昌，
　　　　　告知上海盐业银行累赔情况。仍回西安，直至
　　　　　抗战胜利。

1945 年　夏，偕夫人潘素、女儿传綵同游太白山。
　　　　　10 月底，孙连仲在北平故宫太和殿举行日军投
　　　　　降仪式，张伯驹应邀参加观礼。
　　　　　12 月，至上海开盐业银行股东会，辞去南京分
　　　　　行经理，但仍任常务董事。

1946 年　几经周折，在故宫博物院无意收购隋代展子虔
　　　　　《游春图》之后，为免该画流至海外，张伯驹卖
　　　　　掉弓弦胡同一处房宅（原清末大太监李莲英旧
　　　　　墅），加上夫人的金银首饰，买下了中国现存最
　　　　　早的画卷《游春图》。由此，自号"春游主人"，
　　　　　并改称所居承泽园为"展春园"。
　　　　　李辰冬到北平组织南京美术总会北平分会，张
　　　　　伯驹任副理事长，后继任理事长。
　　　　　下半年，任华北文法学院文哲系教授（华北文
　　　　　法学院董事长为李宗仁）。

1947 年　6 月，由张东荪、张云川介绍，加入中国民主同
　　　　　盟会。
　　　　　岁末夜过溥雪斋宅，溥适得柳如是砚，张伯驹
　　　　　见之爱不释手，请雪斋加润以让。雪斋毅然允让，

伯驹当夜携归。次晨有厂肆商携砚求售，伯驹
视之乃玉凤朱砚，钱谦益之砚也，即留之。一
夜之间，夫妇砚合璧，纯巧合也。

1948 年　中国民主同盟会成立北平市民盟临时工作委员
会，张伯驹任委员。

1949 年　任民盟总部财务委员会委员、文教委员会委员。
任燕京大学语文系中国艺术史名誉导师。

1950 年　任文化部文物局文物鉴定委员会委员。
于西郊承泽园（即展春园）结庚寅词社，不定期
聚会，并预先寄题，交卷后再印送众人评第，老
辈如汪仲虎、夏枝巢、许季湘、陈莼衷等，尚能
扶藜而过，并邀少年而好倚声者寇梦碧、孙正刚、
周敏庵等入社。
以五千余元收得唐杜牧之《赠张好好诗》卷，为
之狂喜，每眠置枕旁，如此数日。
参与关赓麟组织的"稊园吟集"。

1951 年　以关赓麟为首的稊园诗社于承泽园举办重三禊
集，骚坛精英云集达四十人，空前绝后。

1952 年　北京盐业银行成立工会，银行公私合营，张伯
驹任公私合营银行董事。
在何香凝、郑振铎动员下，以顾问身份到文化部
工作。
组织成立了北京京剧基本艺术研究社，任副主任
委员。
李济深成立北京棋艺研究社，任理事兼总干事。
在燕京大学贝公楼大礼堂演出京剧《阳平关》，在
剧中饰黄忠。
将《游春图》让与故宫博物院。

1953 年　任北京中国画研究会理事、北京古琴研究会理
事长等职。

将居住多年的承泽园出让给北京大学。

盐业银行公私合营后，重估财产完毕重选董事时，张伯驹以个人无股票不能再任董事为由，退出了公私合营银行。

1954 年　　任北京市政协委员。

成立北京古琴会，当选为理事。

将 1927 年～ 1954 年间所作之词集为《丛碧词》。

1956 年　　与叶恭绰、郑诵先等发起成立北京中国书法研究社，任副主席。

7 月，因其将平生宝藏的最珍贵的八件法书捐献给了国家，文化部部长沈雁冰颁发了褒奖状。

初夏，组织先后在北海公园举办"明清书画作品展览会"和现代书法展览会。又在济南、青岛先后举办现代书法展览。

7 月 18 日，北京京剧基本艺术研究社举行第三届社员大会，当选副主任委员兼编研组长。

是年，加入中国国民党革命委员会。

将唐李白的《上阳台》帖赠送毛泽东主席。毛主席亲嘱给张伯驹写感谢信。后此帖被转送至故宫博物院。

移居后海南沿，每月约请章士钊、黄娄生等人在家内聚会，进行"打诗钟"与对联创作活动。

1957 年　　张伯驹积极投入文化部组织的传统剧目整理工作，并将老艺人们组织起来，成立了"老艺人演出委员会"。

北京京剧基本艺术研究社被迫结束。

是年，与章士钊、叶恭绰致书总理周恩来，对古典诗歌的创作和研究，提出了看法，倡议成立北京韵文学会，得到了周总理的关注和肯定。不久，因"反右"运动开始，遂告中止。

1958 年　袁世凯长子袁克定病逝于张伯驹家中，张伯驹亲自料理其丧事。

宝古斋于东北收得宋杨婕妤《百花图》卷，故宫博物院未购留，张伯驹即收蓄之。后让与吉林省博物馆。

1961 年　10 月中旬，受陈毅之托，中共吉林省委宣传部宋振庭力邀张伯驹夫妇至吉林工作。

1962 年　同夫人潘素回京过春节，一个月后返长春。

2 月，由北京市民盟宣布摘掉右派帽子。

任吉林省博物馆副研究员，并多次进京为博物馆购买古代书画珍品。

5 月，任吉林省博物馆副馆长。

约集于思泊、罗继祖、阮威伯、裘伯弓、单庆麟、恽公孚等人，每周一会，谈笑之外，无论金石、书画、考证、词章、掌故、轶闻、风俗、游览，各随书一则，积日成书，后名《春游琐谈》，1984年由中州古籍出版社出版。

由宋振庭推荐，受邀列席了吉林省政协扩大会议。

同时，加入吉林省文联，并当选为委员。

1963 年　与吉林省京剧院副院长梁小鸾同台演出《游龙戏凤》。

根据吉林省委宣传部部长宋振庭建议，到市广播电台录制京剧唱段，有《二进宫》和《洪羊洞》两出戏。

蜀友戴亮吉持薛素素脂砚示伯驹，伯驹当即以重金收归吉林省博物馆。

向吉林省委宣传部部长宋振庭提出辞去吉林省博物馆副馆长一职，未获批准。

1965 年　是年，将 1961 ～ 1965 年的词作集为《春游词》。

1966 年　春节时所作《鹧鸪天·丙午除夕》词两阕，被认为是反动之词，遭受批判。

1967 年　吉林省博物馆副馆长职务被撤。

出于对林彪、江青反革命集团的极度愤慨，写下了《金缕曲》两阕。不久，即被扣上八项罪名，遭受批斗。

1970 年　1 月，吉林省革委会政治部对张伯驹问题做了"敌我矛盾，按人民内部矛盾处理"结论，并送往吉林省舒兰县朝阳公社劳动改造。

1 月，又一次提出退职申请。

3 月，获吉林省博物馆同意退职。

3 月，与夫人潘素被送往舒兰县朝阳公社双安大队第三生产队插队。当地以不合插队规定，拒收落户。数日后，张伯驹夫妇返京。

5 月，向吉林省博物馆革委会写信，要求改变插队安排，允许留京。

下半年，赴西安住女儿张传綵家，重游大雁塔、灞桥、华清池，过杜工部祠，登骊山，游秦始皇陵，均留有词作，集为《秦游词》。

1971 年　10 月，托章士钊先生致函周恩来总理，言及自己一生爱党爱国之心，并请求中央解决其在北京落实户口和生活困难问题。

11 月，章士钊致函周总理，提议聘张伯驹为中央文史研究馆馆员，并转张伯驹信函。

12 月，周总理批示，要求具体研究落实聘任一事。

12 月，中央文史研究馆向国务院有关部门呈交聘任张伯驹先生为馆员的"请示"报告。国务院有关部门负责同志批示：同意张伯驹为中央文史研究馆馆员。

12 月，写诗祝贺毛泽东主席七十八岁寿诞。

1972 年　1 月，中央文史研究馆拟就聘任张伯驹先生为馆员的聘书，待发。

1月，陈毅元帅逝世，临终前嘱咐家人将自己心爱之物、玉质围棋送与张伯驹。张伯驹托来送围棋的秦力生带回挽联。

为纪念陈毅，由夫人潘素取其曾在北戴河观海意境，绘青绿山水《海思图》，张伯驹作悼诗四首以奠。

1月10日，毛主席在参加陈毅追悼会时看到张伯驹所送的挽联，问及陈毅夫人张茜，才略知张伯驹的近况，嘱周总理关照张伯驹的工作和生活。

1月，张伯驹被聘为中央文史研究馆馆员，并正式落户北京。

1973年　因患白内障眼疾，赴西安治疗，年底返京。

将本年所作之词，集为《雾中词》。

赋《莺啼序》一阕，贺毛主席八十大寿。

1974年　眼疾白内障初愈，在家休养，回忆自七岁以来所观乱弹昆曲和其他地方戏，并戏曲之佚闻故事，写七绝一百七十七首，更补注绝句二十二首，名《红毹纪梦诗注》。

1975年　将1974年词作集为《无名词》。是年词作则集为《续断词》。

1976年　1月8日，周总理逝世。张伯驹撰写挽联："奠山河于磐石，登人民于衽席，反殖反霸反帝反修，劳瘁一生当大任；建社会以繁荣，措政治以修明，不怠不骄不卑不亢，勋名千古仰先知。"

9月9日，毛主席逝世。张伯驹撰写挽联："覆地翻天，纪元重开新史；空前绝后，人物且看今朝。"

1978年　9月，中共吉林省委宣传部批准吉林省文物局上报对张伯驹的复查结论，予以平反，恢复名誉。

《红毹纪梦诗注》由香港中华书局出版。

吴德铎向上海古籍出版社提出整理、出版《洪宪纪事诗》，张伯驹知道后，寄去《续洪宪纪事诗补注》一稿。

1980 年　3 月，"张伯驹、潘素夫妇书画展"在北海公园画舫斋举行。

3 月，北京古琴会复会。会前张伯驹书贺："玉轸金徽传失响，高山流水聚知音。"

4 月，应天津市文化局戏研室邀请，赴津为京剧演员及京剧研究者作京剧讲座，内容包括京剧的起源和演变的基本理论，以及京朝派和外江派的不同等问题。随后，又应天津市古典小说戏曲研究会和天津南开大学中文系明清戏曲小说研究室邀请，作关于京剧理论的讲座，并写了名为《京剧音韵与身段概论》的文章。

与词友黄君坦合编《清词选》，并在前言中介绍了清词的浙派与常州派的词风及其影响。

开始编纂《唐五代宋金元明清词选集评》，惜因病未能完成。

10 月，由张伯驹执笔，夏承焘、张伯驹、周汝昌就成立"中国韵文学会"联名致函文化部黄镇部长（"中国韵文学会"于 1984 年在长沙正式成立）。

11 月 12 日，北京中山书画社正式成立，王昆仑为名誉社长，张伯驹为社长，陆鸿年、王遐举、孙墨佛为副社长，黄翔、黄苗子、邵恒秋为顾问。

1981 年　5 月 5 日～9 日，中国书法家第一次代表大会在京举行，张伯驹、赵朴初、启功等一起参加，并当选为中国书法家协会名誉理事。此后，又先后担任北京中国画研究会名誉会长、京华艺

　　术学会名誉会长、北京戏曲研究所研究员、北
　　京昆曲研习社顾问、民盟北京市委文史资料委
　　员会委员等职。

　　11 月,所著《丛碧词话》在《词学》第一辑上发表,
　　并任《词学》编委。

1982 年　因感冒住进北大医院。后从感冒转成肺炎,一
　　直处于昏迷状态。

　　2 月 26 日,上午 10 时 43 分,张伯驹去世,享
　　年八十五岁。

图书在版编目(CIP)数据

张伯驹/楼宇栋,郑重著. －北京:文物出版社,2021.1

(中国文博名家画传)

ISBN 978－7－5010－6310－9

Ⅰ.①张… Ⅱ.①楼… ②郑… Ⅲ.①张伯驹(1898－1982)－传记－画册 Ⅳ.①K825.41－64

中国版本图书馆CIP数据核字(2019)第222921号

中国文博名家画传·张伯驹

著　　者	楼宇栋　郑　重	
责任编辑	王　戈	
封面设计	张希广	
责任印制	张　丽	
出版发行	文物出版社	
地　　址	北京市东直门内北小街2号楼	
邮　　编	100007	
网　　址	http://www.wenwu.com	
邮　　箱	web@wenwu.com	
经　　销	新华书店	
印　　刷	北京荣宝艺品印刷有限公司	
开　　本	965mm×1270mm　1/32	
印　　张	7.125	
版　　次	2021年1月第1版	
印　　次	2021年1月第1次印刷	
书　　号	ISBN 978－7－5010－6310－9	
定　　价	80.00元	